LAROUSSE

L'espagnol *fácil*

L'essentiel pour COMMUNIQUER

LAROUSSE

Réalisation

Elena Estremera
Michel Levaillant
Caroline Mignot
Elvira de Moragas

Suivi de la réalisation

Naono

Photocomposition

Tecfa Group

21, rue du Montparnasse 75283 Paris Cedex 06, France

ISBN 2-03-540230-1

Sommaire

SITUATIONS

Guide de prononciation

Lettre	Exemples	Équivalent français
Voyelles		
a	*g**a**to, **a**m**a**r, mes**a***	comme dans p**a**s
e	***e**str**e**lla, v**e**z, firm**e***	comme dans lev**é**
i	***i**n**i**cuo, **i**r**i**s*	comme dans f**ini**
o	*b**o**l**o**, c**ó**m**o**d**o**, **o**s**o***	comme dans **eau**
u	*t**u**r**u**ta, p**u**ro, trib**u***	comme dans c**ou**; mais dans *que-,qui-*, *gue-* et *gui- u* est muet (sauf dans *güe-, güi-*)
y	***y***	comme dans c**y**cle
Diphtongues		
ai, ay	*b**ai**le, h**ay***	se prononce **ae**
au	*f**au**na*	comme dans b**ao**bab
ei, ey	*p**ei**ne, l**ey***	comme dans os**eille**
eu	*f**eu**do*	se prononce **éou**
oi, oy	*b**oi**na, h**oy***	comme dans cow-b**oy**
Semi-consonnes		
u	*b**u**ey, c**u**ando, f**u**iste*	comme dans **oui**, ki**wi**
i	*v**i**ernes, vic**i**o, c**i**udad, c**i**ar*	comme dans a**ill**eurs, **y**o**y**o
y	***y**erno, a**y**er, re**y***	comme dans a**ill**eurs, **y**o**y**o
Consonnes		
b	***b**oda, **b**urra, am**b**os*	comme dans **b**on
[entre deux voyelles]	*ha**b**a, tra**b**a*	un **b** plus léger
c [devant a, o, u ou entre deux voyelles, pourvu que la deuxième soit a, o, u]	***c**abeza, **c**u**c**o, a**c**uoso*	comme dans **c**ou, **k**épi, fra**c**
[devant e, i]	***c**edro, **c**ielo*	comme le **th** anglais dans **th**ing
ch	***ch**iste, o**ch**o*	comme dans a**tch**oum
d	***d**ar, **d**edo, an**d**ar*	comme dans **d**ire
[entre voyelles ou en fin de mot]	*ca**d**a, de**d**o, aba**d***	comme dans **d**ire mais en moins accentué

f	*fácil, fiesta, afición*	comme dans **f**oire
g [devant a, o, u]	*gas, rango, gula*	comme dans **g**az
[entre deux voyelles, pourvu que la deuxième soit a, o, u]	*agua, agosto, lagar*	un **g** plus léger
[devant e, i]	*gente, legión*	comme le **ch** allemand dans Ba**ch**
h	*hambre, ahíto*	toujours muet
j	*jabón, ajo, carcaj*	comme le **ch** allemand dans Ba**ch**
k	*kilo, kimono*	comme dans **c**ou, **k**épi
l	*labio, alegría, hábil*	comme dans **l**aine, é**l**égant
ll	*lluvia, calle*	se rapproche du son contenu dans mi**ll**ion
m	*mamá, amigo, hambre*	comme dans **m**oi, â**m**e
n	*nata, ratón, antes, enemigo*	comme dans **n**oir, bo**nn**e
ñ	*año, ñoño*	comme dans a**gn**eau
p	*papá, pipa, pelo*	comme dans **p**as
q	*quiosco, querer, alambique*	comme dans **c**ou, **k**épi
r [entre deux voyelles ou en fin de mot]	*caro, pero, ira*	pareil à pa**r**aître mais moins roulé
[en debut de mot]	*radio, ronco, río*	plus fort qu'entre deux voyelles
rr	*carro, narrar*	plus fort qu'entre deux voyelles
s	*sauna, asado, cortés*	comme dans **s**avon, vite**ss**e
t	*teja, están, atraco*	comme dans **t**oi
v	*vino, verbena*	comme dans **b**on
[entre deux voyelles]	*lava, vivo*	un **b** plus léger
w	*wat, wagon*	comme dans **b**on
x	*éxito, examen, extensión*	comme dans e**x**ercice
z	*zona, azul, capaz*	comme le **th** anglais dans **th**ing

Premiers éléments de communication

Saluer, se présenter, prendre congé

1. La manière de saluer

Comment saluer quelqu'un

Selon le moment de la journée et la personne à laquelle on s'adresse, on utilise différentes formules de salutations.

> «*Muy buenos días.*
> *Bonjour.* »

> «*Buenos días.*
> *Bonjour.* »

> «*Buenas tardes.*
> *Bonjour/Bonsoir.* »

> «*Buenas noches.*
> *Bonsoir/Bonne nuit.* »

⚠ **On utilise indifféremment *Buenos días Bonjour* pour saluer dans la matinée et tout au long de la journée mais dans l'après-midi, après l'heure du déjeuner (vers 4 heures de l'après-midi) on saluera par un *Buenas tardes Bonjour* ou, comme dans le midi de la France, *Bonsoir*. Pour saluer dans la soirée, après le dîner, on emploie *Buenas noches Bonsoir*. Les mêmes termes servent également à prendre congé et, dans le cas de *Buenas noches* à souhaiter une bonne nuit.**

Certaines formules de prise de contact, plus familières, peuvent s'utiliser à tout moment de la journée.

> «*¡Buenas!*
> *Bonjour !* »

> «*¿Qué pasa?*
> *Ça va ?* »

> «*¡Ey!*
> *Salut !* »

« *¡Hola!*
Bonjour/Salut ! »

⚠ **Bien que familier, *¡Hola!*, formule désinvolte d'accueil, d'adieu ou de contact, équivalent de *Salut !* s'emploie plus couramment qu'en français et s'étend à toutes les classes d'âge et à toutes les classes sociales. Il est même fréquent de saluer par un *¡Hola! Buenos días*. *¡Buenas!* est en revanche une abréviation de *Buenos días* ou *Buenas tardes/noches*, qui est réservé à un emploi plus populaire, de même que l'interjection *¡Ey!***

Comme en français, on peut mentionner le nom de la personne à laquelle s'adressent les salutations, précédé ou non d'un titre.

« *¡Hola, Isabel!*
Bonjour/Salut, Isabel ! »

« *Buenos días, Sra. López.*
Bonjour, Madame Lopéz. »

« *Buenos días, don Manuel.*
Bonjour, Monsieur Manuel. »

⚠ **Outre les titres employés devant le nom de famille *Señora, Señoras, Señor, Señores, Señorita, Señoritas Madame, Mesdames, Monsieur, Messieurs, Mademoiselle, Mesdemoiselles* (parfois suivis du prénom, comme en français dans le langage familier), il existe une marque de déférence que donne la particule *Don, Doña Monsieur, Madame* –littéralement du latin *dominus*/maître– qui ne s'emploie que devant le prénom de la personne, seule ou suivie du nom.**

Au lieu du nom de la personne, on peut aussi utiliser un titre courant, respectueux ou marquant la fonction, qui suit la formule employée.

« *Buenos días, Sr./Sra.*
Bonjour, Monsieur/Madame. »

« *Buenos días, señor presidente.*
Bonjour, Monsieur le président. »

« *Buenas tardes, doctor.*
Bonjour/Bonsoir, docteur. »

« *¡Hola, mami!*
Bonjour, maman ! »

« *Buenas tardes, caballero.*
Bonjour/Bonsoir, monsieur. »

⚠ ***Caballero, caballeros*, mot à mot *Chevalier, chevaliers*, est un terme de politesse utilisé de préférence dans un contexte de service, un vendeur ou un serveur pouvant l'employer comme marque de déférence à l'égard d'un client.**

Lors des salutations, on peut, comme en français, employer une formule rituelle de politesse ou de prise de contact.

« *Buenas tardes. ¿Cómo está usted?*
Bonjour/Bonsoir. Comment allez-vous ? »

« *Buenos días. ¿Cómo vamos?*
Bonjour. Ça va ? »

« *Buenos días, Sr. López. ¿Todo bien?*
Bonjour, M. López. Ça va ? »

« *Hola. ¿Cómo estás?*
Bonjour/Salut. Ça va ? »

« *Hola. ¿Qué tal (estás)?*
Bonjour/Salut. Ça va ? »

« *Hola. ¿Qué hay?*
Bonjour/Salut. Ça va ? »

⚠ **Dans un contexte familier, ces formules de prise de contact peuvent également servir de salutations : *¿Qué hay, Pepe? Ça va, Pepe ?***

Ces formules rituelles imposent une réponse brève sans explications détaillées.

« *(Muy) Bien, gracias. ¿Y usted?*
(Très) Bien, merci. Et vous ? »

« *Estupendamente, gracias.*
Très bien, merci. »

« *Perfecto.*
Très bien. »

« *Como siempre.*
Comme d'habitude. »

« *Tirando.*
On fait aller. »

« *Regular. He suspendido las oposiciones.*
Moyen. J'ai raté le concours. »

« *Así, así. Todavía no he encontrado trabajo.*
Comme ci, comme ça. Je n'ai toujours pas de travail. »

« *(Muy) Mal. Estoy muy resfriada.*
(Très) Mal. Je suis très enrhumée. »

« *Fatal. No he podido dormir en toda la noche.*
Mal. Je n'ai pas dormi de la nuit. »

Pour saluer un groupe de personnes

En réunion ou devant une assemblée, on emploie des formules globales.

« *Buenos días señores/señoras.*
Bonjour messieurs/mesdames. »

« *Buenas tardes, caballeros.*
Bonjour/Bonsoir, messieurs. »

« *Hola a todos.*
Bonjour à tous. »

Pour saluer une connaissance perdue de vue

On s'adresse à une personne que l'on n'a pas vue depuis longtemps en rappelant le temps écoulé depuis la dernière rencontre.

« *¡Cuánto tiempo (sin vernos)!*
Ça fait longtemps qu'on ne s'est pas vus ! »

« *¡Cuánto ha llovido (desde la última vez)!*
Il en a coulé de l'eau sous les ponts (depuis la dernière fois) ! »

« *¡Hace un siglo que no nos vemos! ¿Qué es de tu vida?*
Ça fait des siècles ! Qu'est-ce que tu deviens ? »

Deux personnes se retrouvent après un an d'absence.

Juana: «*¡Hola, María! ¡Cuánto tiempo!*
María: *¡Hola! ¿Qué tal todo?*
Juana: *Muy bien. Me he casado y estoy esperando un niño.*
María: *Me alegro muchísimo. Y tus padres, ¿bien?*
Juana: *Estupendamente. Están encantados con eso de ser abuelos. Y a ti, María, ¿cómo te va?*
María: *Así, así. Todavía no he encontrado trabajo desde que terminamos la facultad.*
Juana: *¡Vaya, cuánto lo siento!*»

Juana : «*Bonjour, María ! Ça fait longtemps qu'on ne s'est pas vues !*
María : *Bonjour ! Qu'est-ce que tu deviens ?*
Juana : *Je vais très bien. Je me suis mariée et je suis enceinte.*
María : *Je suis très contente. Et tes parents, ça va ?*
Juana : *À merveille. Ils sont ravis de devenir grands-parents. Et toi, María, ça va ?*
María : *Comme ci, comme ça. Depuis qu'on a quitté la fac, je n'ai toujours pas de travail.*
Juana : *Oh ! Je suis vraiment désolée pour toi !* »

Comment commencer une lettre

Les en-têtes de lettre les plus courantes sont indiquées ci-dessous :

Muy Sr. mío :
Monsieur,

Estimado/a Sr./Sra.:
Monsieur/Madame,

Queridos padres :
Chers parents,

Querida Inma :
Chère Inma,

Hola Dani,
Salut Dani,

REMARQUE
Les signes et gestes qui accompagnent les salutations et les présentations sont les mêmes qu'en France, toutefois, ils ne s'emploient pas avec la même fréquence et sont sans doute plus démonstratifs en Espagne. Dans un cadre très formel ou lors de salutations épisodiques, l'usage est de donner une poignée de main mais, dans la plupart des cas, dans l'ensemble des rapports sociaux, les hommes qui se connaissent se saluent en se faisant seulement une petite tape sur l'épaule. Les hommes et les femmes, les femmes, les différentes générations et les jeunes entre eux se font le plus souvent deux bises, une sur chaque joue, pas plus. En cas de grandes retrouvailles, les accolades et les embrassades se font plus démonstratives, les hommes y participant pleinement. Il est également fréquent de saluer un/une inconnu(e) par une poignée de main ou un simple petit signe de tête en se présentant par son prénom.

2. Se présenter

Se présenter et présenter un tiers

Pour se présenter à un inconnu, on utilise les expressions suivantes :

« *Me llamo Elena.*
Je m'appelle Elena. »

« *(Soy) Andrés.*
(Je m'appelle) André. »

Dans des situations plus formelles, on a recours à des formules de présentation plus élaborées.

« Permita que me presente. Me llamo Isabel.
Permettez-moi de me présenter. Je m'appelle Isabel. »

« Me gustaría presentarme. Soy Carmen García, directora de la escuela.
Je souhaiterais me présenter. Je suis Carmen García, directrice de l'école. »

« Quisiera presentarme. Soy Ramón.
Je souhaiterais me présenter. Je m'appelle Ramón. »

« Creo que no nos conocemos. (Yo) Soy Manuel, el hermano de Pilar.
Je crois que nous ne nous connaissons pas. Je suis Manuel, le frère de Pilar. »

⚠ **En espagnol, à la différence du français, on n'emploie généralement pas le pronom sujet devant le verbe.**

On peut présenter un tiers de la manière suivante :

« Le presento al Sr. Gómez, jefe de ventas.
Je vous présente M. Gómez, chef des ventes. »

« Te presento a Rubén, compañero de facultad.
Je te présente Rubén, un camarade de faculté. »

Dans un contexte formel, on introduit un tiers de manière plus protocolaire.

« Permita que le presente a Teresa García, presidenta de nuestra asociación.
Permettez-moi de vous présenter Teresa García, présidente de notre association. »

« Quisiera presentarles a Antonio Palacios, autor del artículo.
Je voudrais vous présenter Antonio Palacios, auteur de l'article. »

⚠ **En espagnol, les équivalents du Vous de politesse français sont les pronoms de la 3ème personne du singulier et du pluriel *usted, ustedes*. On les mentionne comme marque de courtoisie et lorsqu'il y a un risque de confusion : *Ustedes no se conocen Vous ne vous connaissez pas*. Le verbe qui les suit se conjugue à la 3ème personne et les pronoms compléments directs et indirects, adjectifs et pronoms possessifs qui y sont associés sont ceux de**

la 3ème personne également : *Le presento/les presento Je vous présente*.

Formules plus familières.

> « *Isabel, te presento a Juan.*
> *Isabel, je te présente Juan.* »

> « *David, ¿conoces a Fernando?*
> *David, tu connais Fernando ?* »

> « *(Éste es) José, mi marido.*
> *(Voici) José, mon mari.* »

Comme en français, on répond à une présentation en se présentant soi-même ou par une formule de politesse. On peut également employer la phrase rituelle ***¿qué tal?***, laquelle n'appelle pas de réponse.

> « *Encantado (de conocerlo).*
> *Enchanté (de faire votre connaissance).* »

> « *Es un placer.*
> *Enchanté.* »

> « *Mucho gusto.*
> *Enchanté.* »

⚠ **Dans des rapports sociaux de courtoisie très formels, on peut éventuellement répondre à l'expression *Mucho gusto Enchanté*, par l'expression *El gusto es mío*, équivalent de *Tout le plaisir est pour moi/Moi de même*.**

Les présentations par téléphone

Formules courantes.

> « *Buenos días, le llama Carlos Gómez, del departamento de marketing.*
> *Bonjour, Carlos Gómez, du service marketing, à l'appareil.* »

> « *Buenas tardes, mi nombre es Ana.*
> *Bonjour/Bonsoir, je m'appelle Ana.* »

> « *Buenas tardes, llamo del Ayuntamiento.*
> *Bonjour, je vous appelle de la Mairie.* »

> « *Hola, soy Ramón, de la agencia de viajes.*
> *Bonjour, c'est Ramón, de l'agence de voyages.* »

« *Hola, soy Isabel. ¿No me conoces?*
Bonjour, c'est Isabel, tu ne me reconnais pas ? »

« *Soy yo, cariño.*
C'est moi, chéri. »

REMARQUE
Dans les rapports sociaux courants, le tutoiement est beaucoup plus répandu qu'en français. Les collègues de travail, les personnes de la même génération ou d'un même groupe, et pas uniquement les jeunes, se tutoient entre eux. Des inconnus qui font connaissance dans un contexte déterminé, une réunion de travail, une activité commune ou des amis communs, se tutoient souvent d'emblée.

3. Prendre congé

Pour prendre congé

Pour prendre congé, les formules courantes sont indiquées ci-dessous :

« *Adiós.*
Au revoir. »

« *Hasta otra.*
À une autre fois. »

« *Hasta luego.*
À bientôt/Au revoir. »

« *Hasta la vista.*
À bientôt/Au revoir. »

« *Hasta ahora.*
À tout à l'heure. »

« *Hasta el jueves.*
À jeudi. »

Selon le moment de la journée et dans un contexte plus formel, on peut utiliser les formules de salutations pour prendre congé.

« *Buenos días.*
Au revoir. »

Évaluation des connaissances

I. Saluer correctement :

1. ***A un amigo o amiga de vuestra edad.***
   (a) *Buenas tardes.* (b) *¡Ey! ¿Qué tal?* (c) *Soy yo.*
2. ***A la directora de vuestro centro de enseñanza, a las 19:30.***
   (a) *Buenas noches, caballero.* (b) *Buenas tardes, Sra.* (c) *¡Hola!*
3. ***A un desconocido o desconocida a las 10h. de la mañana***
   (a) *Buenas noches.* (b) *Buenos días.* (c) *Buenas tardes.*

II. Choisissez la réponse correcte :

1. ***¿Cómo estás?***
   (a) *Muy bien, gracias.* (b) *Encantada.* (c) *Hola.*
2. ***Muy Sr. mío,***
   (a) *Reciba un cordial saludo,* (b) *Besos,* (c) *Chao.*
3. ***Te despides hasta la próxima cita:***
   (a) *Hasta el sábado.* (b) *¿Disculpe, podría repetírmelo?* (c) *Mucho gusto.*

Réponses :

I. *1b - 2b - 3b* **II.** *1a - 2a - 3a*

Prendre rendez-vous, inviter

1. Comment prendre rendez-vous

Convenir d'un rendez-vous formel par téléphone

Pour obtenir un rendez-vous dans un cadre formel, on doit le plus souvent passer par un intermédiaire :

« *Buenas tardes. Desearía concertar una cita con el Sr. Rodríguez el próximo viernes.*
Bonjour, je voudrais prendre rendez-vous avec M. Rodríguez pour vendredi prochain. »

« *Buenos días. Soy estudiante Erasmus y tengo problemas con mi permiso de residencia. ¿Sería posible que me recibiese el cónsul?*
Bonjour, je suis étudiant Erasmus et j'ai des problèmes avec ma carte de séjour. Est-ce que le consul peut me recevoir ? »

« *Buenas días. Quisiera reunirme con el gerente lo antes posible.*
Bonjour. Je voudrais rencontrer le gérant le plus tôt possible, s'il vous plaît. »

« *Hola, buenos días. ¿Podría darme hora con la Dra. Casas para esta tarde?*
Bonjour. Pourrais-je avoir un rendez-vous avec le docteur Casas cet après-midi, s'il vous plaît ? »

⚠ **Pour obtenir une consultation auprès d'un spécialiste, l'expression employée est plutôt *pedir hora*. Lorsque l'on veut obtenir un autre rendez-vous, on demande alors *una cita* et l'on prend ou donne rendez-vous à une heure précise.**

Dans le cas où l'on s'adresse directement à la personne concernée, une conversation téléphonique peut alors s'établir pour exposer les motifs du rendez-vous.

« *Buenas tardes. Me llamo Gerardo González y desearía concertar una cita en su bufete.*
Bonjour. Je m'appelle Gerardo González, je voudrais rencontrer un avocat de votre cabinet, s'il vous plaît. »

« *Buenos días. Soy estudiante de Arquitectura y me gustaría comentar mi currículum vítae con usted. ¿Cree que sería posible tener una entrevista?*
Bonjour, je suis étudiant en architecture, je vous ai envoyé mon CV avec une lettre de motivation. Je voudrais savoir si vous pourriez m'accorder un entretien. »

« *Buenos días. Soy el Sr. Pérez. ¿Podríamos reunirnos para comentar el proyecto?*
Bonjour. Je suis M. Pérez, est-ce que nous pourrions nous réunir pour parler du projet ? »

Prendre rendez-vous pour une autre personne, pour un entretien ou une réunion suppose la mise au point détaillée de la rencontre.

« *Buenos días. La Sra. Vázquez querría veros el próximo lunes a primera hora de la mañana en su despacho.*
Bonjour. Mme Vázquez voudrait vous voir lundi prochain en début de matinée, dans son bureau. »

« *Buenas tardes. El Sr. Domingo desearía saber si el día 16 del mes en curso es posible tener la reunión con los contables.*
Bonjour. M. Domingo voudrait savoir s'il serait possible d'organiser une réunion avec les comptables le 16 du mois ? »

Fixer un rendez-vous pour se rencontrer, organiser une réunion ou un entretien suppose de se mettre d'accord au préalable sur une date et une heure précises.

« *¿Cuándo podemos reunirnos?*
Quand pourrions-nous nous réunir ? »

« *¿Tiene algún momento libre para que nos reunamos la semana que viene?*
Vous avez un moment pour qu'on se réunisse la semaine prochaine ? »

« *¿A qué hora le iría mejor la entrevista?*
Quelle heure vous conviendrait le mieux pour l'entretien ? »

« *Si no tiene ningún inconveniente, podemos celebrar la reunión a las diez de la mañana.*
Si vous n'y voyez pas d'inconvénient, nous pourrions organiser la réunion à 10 heures. »

« *¿Cree que sería posible quedar sobre las seis de la tarde?*
(Vous pensez qu'il/que) Ce serait possible de se voir vers 18 heures ? »

« *¿Le va bien que nos veamos el jueves a las cuatro?*
Ça vous irait qu'on se voie jeudi à 4 heures ? »

« *¿Sería posible vernos en el mes de julio?*
Pourrions-nous nous voir en juillet ? »

« *¿Prefiere que quedemos el martes?*
Vous préférez qu'on se voie/donne rendez-vous mardi ? »

Il convient également de fixer le lieu du rendez-vous.

« *¿Dónde se hará la reunión?*
Où se tiendra la réunion ? »

« *¿Quiere que me acerque a su despacho para comentar el informe?*
Vous voulez que je vienne vous voir au bureau pour parler du rapport ? »

« *¿Prefiere que nos encontremos en un restaurante?*
Vous préférez qu'on se rencontre au restaurant ? »

« *¿Paso por su oficina?*
Je passe au bureau ? »

Pour confirmer un rendez-vous, il est nécessaire de rappeller toutes les indications pratiques, afin d'éviter les malentendus.

« *Perfecto. La reunión tendrá lugar el día 15 de abril a las diez de la mañana en su despacho.*
Parfait. La réunion aura lieu le 15 avril, à 10 heures du matin, dans votre bureau. »

« *Buenos días. Llamaba para confirmar nuestra cita del próximo martes en el restaurante «Los amigos».*
Bonjour. J'appelle pour confirmer notre rendez-vous de mardi prochain au restaurant Los amigos. »

Lorsque l'on veut annuler un rendez-vous, il convient d'en avertir les intéressés et, parfois, de proposer une autre date.

« *Siento comunicarle que no es posible celebrar la reunión del día 6 de marzo.*
Je suis navré de vous communiquer que la réunion du 6 mars ne pourra pas avoir lieu. »

« *Desgraciadamente no podré asistir a la entrevista que acordamos para el próximo viernes.*
Je ne pourrai malheureusement pas assister à l'entretien prévu vendredi prochain. »

« *Me veo en la obligación de anular nuestra cita.*
Je suis dans l'obligation d'annuler notre rendez-vous. »

« *Le propongo aplazar nuestra cita una semana.*
Je vous propose de reporter notre rendez-vous d'une semaine. »

« *¿Cree que sería posible aplazar nuestro encuentro?*
Vous pensez qu'il serait possible de reporter notre rendez-vous ? »

« *¿Es posible cambiar el día de la reunión?*
Peut-on changer le jour de la réunion ? »

2. Prendre rendez-vous avec un ami

Comment fixer un rendez-vous avec un ami par téléphone

Des rapports plus familiers permettent des phrases plus directes.

« *¿Cuándo podemos vernos?*
Quand peut-on se voir ? »

« *¿Qué día prefieres que nos veamos?*
Quel jour tu préfères qu'on se voie ? »

« *¿A qué hora quieres quedar?*
À quelle heure tu veux qu'on se voie ? »

« *¿Podrás quedar este fin de semana?*
On pourra se voir ce week-end ? »

« *¿Puedo pasar esta tarde por tu casa?*
Je peux passer chez toi cet après-midi ? »

« *¿Tienes algún momento libre para tomar un café?*
Tu as un moment pour prendre un café ? »

« *¿Por qué no quedamos a las siete?*
Et si on se donnait rendez-vous à 7 heures ? »

« *¿Te va bien el viernes?*
Ça te va, vendredi ? »

« *¿Voy yo a tu casa o vienes tú a la mía?*
Je vais chez toi ou c'est toi qui viens ? »

« *¿En tu casa o en la mía?*
Chez toi ou chez moi ? »

« *¿Nos vemos el jueves?*
On se voit jeudi ? »

⚠ **En espagnol, la préposition *chez* n'existe pas, aussi se rend-on *a casa de tus padres, al dentista chez tes parents, chez le dentiste.***

Pour confirmer un rendez-vous, on peut comme en français utiliser un langage parlé familier, le verbe étant souvent sous-entendu.

« *De acuerdo, nos vemos mañana en tu casa.*
D'accord, on se voit demain, chez toi. »

« *Vale, quedamos el viernes a las nueve.*
D'accord, rendez-vous vendredi à 9 heures. »

« *El jueves, a las seis, en la estación de metro.*
Jeudi, à 6 heures, à la station de métro. »

« *¿La cita de mañana sigue en pie?*
Le rendez-vous de demain tient toujours ? »

Prendre rendez-vous avec un ami par mail

¡Hola, Pedro! ¿Cómo estás? Hace mucho tiempo que no nos vemos. ¿Qué te parece si vamos a comer juntos? Contéstame antes de las 13:30 para poder reservar sitio. Un saludo.

Salut Pedro ! Comment vas-tu ? Ça fait longtemps qu'on ne s'est pas vus. Si on allait déjeuner ensemble ? Réponds-moi avant 13h30 pour que je réserve une table. Salut.

Prendre rendez-vous avec un ami en lui laissant un message sur son portable

¿Qdamos dpues? ¿18.30? ¿Sitio?
RV 18.30 ? Où ?

REMARQUE
Dans la plupart des régions, lorsque l'on sort en groupe dans un ou plusieurs bars pour aller *tomar una copa prendre un pot/un verre*, il est plus courant qu'en France que chacun paie une tournée, que ce soit lors de la même soirée ou bien à l'occasion de la sortie suivante.

3. Formuler une invitation

Inviter quelqu'un verbalement

Pour proposer une sortie à quelqu'un, on indique les conditions de l'invitation.

« *¿Le apetece dar un paseo?*
Ça vous dit de faire une promenade ? »

« *¿Le gustaría tomar un café?*
Vous aimeriez prendre un café ? »

« *Déjeme que le invite a cenar.*
Laissez-moi vous inviter à dîner. »

« *¿Quieres ir al cine conmigo?*
Tu veux venir avec moi au cinéma ? »

Le verbe *querer* revêt dans cet exemple le sens de *vouloir*, mais il peut aussi signifier *aimer*.

« *¿Por qué no vienes a comer a casa?*
Pourquoi tu ne viens pas déjeuner à la maison ? »

« *¿Puedo invitarte a comer esta semana?*
Je peux t'inviter à déjeuner cette semaine ? »

« *Ya sabes que puedes venir a vernos siempre que quieras.*
Tu sais que tu peux venir nous voir quand tu veux. »

« *¿Vamos al gimnasio?*
On va au gymnase ? »

« *A ver si vienes a verme.*
Tu pourrais venir me voir/(Voyons quand tu viendras). »

« *A ver cuándo nos vemos.*
Va savoir (voyons) quand on se verra/On pourrait se voir quand même. »

***A ver* est en réalité la réduction de l'expression *vamos a ver voyons/fais voir*.**

« *Hoy pago yo.*
Aujourd'hui c'est moi qui paye. »

« *Te invito a tomar algo*
Je t'invite à prendre quelque chose. »

« *¡Venga, vamos a la playa!*
Allez ! On va à la plage ! »

À l'oral, dans un contexte familier, l'emploi de la première personne du pluriel *vamos al cine, nos vemos el*

martes **équivaut à celui du pronom français *on (va à la plage)*, *à mardi (on se voit mardi)*.**

Dans un contexte plus formel, la proposition s'exprime par des phrases d'usage.

> « *Nos encantaría que pudiera asistir a nuestra fiesta de despedida.*
> *Nous serions ravis que vous puissiez venir à notre fête d'adieux.* »

> « *Me gustaría que vinieras este fin de semana a mi casa de la playa.*
> *J'aimerais que tu viennes ce week-end chez moi au bord de la mer.* »

> « *Estamos deseando que vengas a vernos lo antes posible.*
> *Nous attendons avec impatience que tu viennes nous voir.* »

> « *Esta noche vendrán unos amigos a cenar. ¿Por qué no vienes?*
> *Des amis viennent dîner ce soir, pourquoi ne viens-tu pas ?* »

Proposer une invitation par mail

¡Hola! Esta tarde te invito a una cerveza. ¿Qué te parece? ¿A qué hora sales de trabajar? Bueno, me dices algo lo antes que puedas. Un beso.

Salut ! Je t'invite à boire une bière ce soir. Ça te dit ? À quelle heure tu termines ton travail ? Bon, réponds-moi dès que possible. Je t'embrasse.

⚠ **On peut amicalement adresser *un baiser/une bise* à quelqu'un *un beso* ou également *un abrazo*, littéralement *une accolade, une étreinte affectueuse*.**

REMARQUE

Contrairement à certains usages en France, en Espagne, dans un cadre amical et familier, on s'invite très naturellement sans prévoir longtemps à l'avance le rendez-vous. Il est d'ailleurs courant de se retrouver en ville plutôt que chez quelqu'un. Auquel cas, le rendez-vous peut consister à aller prendre un verre en dégustant des amuse-gueule, hors-d'œuvres ou plats cuisinés, les célèbres *pinchos, tapas* dans un ou, le plus souvent, plusieurs bars. La pratique de se promener en ville en s'alimentant ainsi a d'ailleurs donné lieu au néologisme *tapear*, pratique peut-être plus propice et plus généralisée dans certaines régions ou villes, à Madrid, à Séville, en Andalousie en général, par exemple.

Évaluation des connaissances

I. Complétez les phrases suivantes :

1. *Buenas tardes. Desearía .... una cita con el Sr. Vázquez.*
2. *¿ .... podemos vernos?*
3. *Te .... a un café.*
4. *La Sra. Millán .... saber si el día 25 de junio puede reunirse con usted.*

II. Choisissez la réponse correcte :

1. ***¿Qué día prefiere ... para hablar del trabajo?***
   (a) *quedar* (b) *podemos reunirnos* (c) *quedemos*
2. ***¿Qué día prefiere que ... para comentar el proyecto?***
   (a) *quedar* (b) *podemos reunirnos* (c) *quedemos*
3. ***¿... tendrá lugar la reunión?***
   (a) *Qué hora* (b) *A qué hora* (c) *En qué hora*
4. ***¿Podrás ... a mi casa el lunes?***
   (a) *llegar* (b) *venir* (c) *quedar*
5. ***¿... ir al cine esta tarde?***
   (a) *Quieres* (b) *Te invito* (c) *Vamos*
6. ***¿Te ... cenar conmigo esta noche?***
   (a) *invito* (b) *gustaría* (c) *pago*

Réponses :

I. *concertar - Cuándo - invito - querría* **II.** *1a - 2c - 3b - 4b - 5a - 6b*

Communiquer
Poser une question, demander

1. Demander un éclaircissement

Comment demander un éclaircissement à un interlocuteur

Il arrive que l'on entende ou comprenne mal son interlocuteur, on peut alors lui demander de répéter ses propos.

« *Disculpe, no la he oído. ¿Podría repetírmelo?*
Pardon, je n'ai pas entendu. Vous pourriez me (le) répéter (ce que vous avez dit), s'il vous plait ? »

« *Perdone, ¿cómo dice/ha dicho?*
Pardon ? Qu'est-ce que vous dites/avez dit ? »

« *¿Cómo?*
Comment ? »

« *¿Qué (has dicho)?*
Comment ? (qu'est-ce que tu as dit ?) »

« *¿Cómo dices?*
Qu'est-ce que tu dis ? »

« *¿Perdón?*
Pardon ? »

« *¿Perdona?*
Pardon ? »

« *¿Con quién dices que se ha casado?*
Tu dis qu'elle s'est mariée avec qui ? »

On peut aussi demander des éclaircissements.

« *Lo siento, no lo he entendido. ¿Podría aclarármelo?*
Je suis désolé, mais je n'ai pas compris. Vous pourriez m'expliquer ? »

« *¿Podría explicarme lo que quería decir cuando...?*
Pourriez-vous m'expliquer ce que vous vouliez dire quand...? »

« *No te entiendo. ¿Me lo podrías volver a explicar?*
Je ne te comprends pas. Tu pourrais me réexpliquer ? »

« *Explícamelo otra vez. No he entendido nada.*
Réexplique-le moi encore une fois. Je n'ai rien compris. »

« *¿A qué te refieres con eso?*
Qu'est-ce que tu veux dire par là ? »

⚠ **Pour indiquer la répétition d'une action, contrairement au français qui utilise le préfixe « re » devant le verbe, l'espagnol emploie *otra vez, de nuevo, volver a*.**

Demander un éclaircissement par téléphone

Si l'on n'a pas bien entendu ou compris la personne qui est en ligne, on lui demande de redire sa phrase.

« *Lo siento, no he oído lo que acaba de decir. ¿Podría hablar más alto?*
Je suis désolé, je n'ai pas entendu ce que vous avez dit. Pourriez-vous parler plus fort ? »

« *No se oye muy bien. ¿Podría repetir su nombre, por favor?*
On entend mal. Vous pourriez répéter votre nom, s'il vous plaît ? »

« *Repita su dirección más despacio, por favor. Estoy tomando nota.*
Répétez votre adresse plus lentement, s'il vous plaît. Je note. »

« *¿Podría repetir lo último que ha dicho, por favor?*
Vous pourriez répéter ce que vous venez de dire, s'il vous plaît ? »

⚠ **Comme le français, l'espagnol emploie généralement le conditionnel comme forme de politesse et pour exprimer une possibilité ou une hypothèse *¿Podrían indicarme el camino? Vous pourriez m'indiquer le chemin ?***

« *No se oye, parece que hay interferencias. ¿Qué decías?*
On n'entend pas, on dirait qu'il y a des parasites. Qu'est-ce que tu disais ? »

Demander une explication par lettre

Apreciados Señores,

En respuesta a su carta de fecha 24 de abril, en la que solicitan el pago del importe de los servicios de Internet y telefonía que tengo contratados con su compañía, siento comunicarles que no comprendo el contenido de la misma ya que estos servicios fueron abonados a través de mi cuenta bancaria, tal y como demuestra el documento adjunto.

Esperando una aclaración de esta incidencia, se despide atentamente,

Enrique Gómez

Messieurs,

En réponse à votre lettre du 24 avril dans laquelle vous me demandez le règlement des services d'Internet et de téléphonie que j'ai souscrit auprès de votre société, je suis désolé de vous informer que je n'en comprends pas la teneur puisque ces services ont été réglés par ma banque, comme le prouve le document ci-joint.

Dans l'attente d'un éclaircissement à ce sujet, je vous prie d'agréer, Messieurs, l'expression de mes meilleurs sentiments.

Enrique Gómez

2. Demander une information ou un service

Demander l'heure

« *Perdone, ¿podría decirme qué hora es?*
Excusez-moi, vous pourriez me donner l'heure, s'il vous plaît ? »

« *¿Qué hora es, por favor?*
Quelle heure est-il, s'il vous plaît ? »

« *Disculpe, ¿tiene hora?*
Pardon, vous avez l'heure ? »

Demander la date

Demander le jour du mois.

« *Disculpe, ¿podría decirme qué día (de la semana) es hoy?*
Excusez-moi, vous pourriez me dire quel jour on est ? »

« *Por favor, ¿me puede decir qué día es hoy?*
S'il vous plaît, vous pourriez me dire quel jour on est ? »

« *¿A qué día estamos?*
Quel jour est-on/On est quel jour ? »

« *¿Hoy es viernes?*
C'est vendredi, aujourd'hui ? »

Demander le mois ou l'année.

« *¿En qué mes estamos?*
On est quel mois ? »

« *¿En qué año estamos?*
On est en quelle année ? »

Comment demander la date.

« *¿Qué fecha es hoy?*
Quelle est la date d'aujourd'hui ? »

« *¿A cuántos estamos hoy?*
On est le combien aujourd'hui ? »

Demander le moment

En plus de la question générale *¿Cuándo?*, *Quand ?*, des questions plus concrètes peuvent être formulées.

« *¿Cuándo has llegado a la ciudad?*
Quand est-ce que tu es arrivé en ville ? »

« *¿A qué hora abre el museo, por favor?*
À quelle heure ouvre le musée, s'il vous plaît ? »

« *¿Me puede informar acerca de los horarios de tren para ir a Madrid?*
Vous pourriez m'informer des horaires de train pour aller à Madrid, s'il vous plaît ? »

« *¿Qué día (de la semana) visita el doctor Ramírez?*
Quel est le jour de consultation du docteur Ramírez ? »

« *¿Qué días tienes clase?*
Tu as cours quels jours ? »

« *¿(En) Qué mes se casaron?*
Quel mois vous êtes-vous mariés ? »

« *¿En qué año se casó?*
En quelle année vous êtes-vous marié ? »

« *¿De qué año es este vino?*
De quelle année est ce vin ? »

⚠ **Les informations temporelles peuvent se référer à un événement daté *Vivimos aquí desde 1989 Nous vivons ici depuis 1989*, *Nos instalamos en el 2001 Nous nous sommes installés en 2001* ; à une durée *Estamos casados desde hace 6 años Nous sommes mariés depuis 6 ans*, à l'aide de la forme impersonnelle du verbe *Hacer*, à la troisième personne du singulier *Hace un año que no nos vemos Cela fait (il y a) un an qu'on ne s'est pas vus*, *He estudiado griego durante 2 años J'ai étudié le grec pendant 2 ans* ou à un délai *Dentro de 10 años Dans 10 ans*.**

Demander un service

« *¿Podría bajar la música, por favor?*
Vous pourriez baisser le son, s'il vous plaît ? »

« *Perdone. ¿Podría traerme un tenedor limpio?*
Excusez-moi, pourriez-vous m'apporter une fourchette propre, s'il vous plaît ? »

« *¿Le puedo pedir un favor?*
Je peux vous demander un service ? »

« *María, ¿me haces un favor?*
María, tu peux me rendre un service ? »

« *Juan, por favor, ¿me dejas una toalla?*
Juan, s'il te plaît, tu me passes une serviette de bain ? »

«¿Me das una servilleta, por favor?
Tu me donnes une serviette de table, s'il te plaît ? »

«¿Me prestas la falda amarilla?
Tu me prêtes la jupe jaune ? »

«¿Tienes un diccionario?
Tu as un dictionnaire ? »

«Le agradecería que visitara a mi madre en mi ausencia.
Je vous serais reconnaissant de rendre visite à ma mère pendant mon absence. »

REMARQUE
En Espagne, il existe généralement un horaire d'été dans la majorité des administrations et certaines entreprises, à savoir de 8 heures jusqu'à 15 ou 16 heures. Durant le reste de l'année, les horaires varient de 9 ou 10 heures à 13 ou 14 heures et de 16 ou 17 heures à 19 ou 20 heures dans le commerce et dans nombre d'entreprises. Les banques n'ouvrent généralement pas l'après-midi ou seulement un après-midi par semaine.

3. Demander la permission

Demander la permission verbalement

Voici quelques phrases que l'on peut utiliser pour demander la permission de faire quelque chose :

«Me gustaría saber si puedo asistir a la recepción con mi novio.
J'aimerais savoir si je peux assister à la réception avec mon fiancé. »

«Le pido permiso para ausentarme unos días.
Je vous demande la permission de m'absenter quelques jours. »

«Quisiera pedirle algo.
Je voudrais vous demander quelque chose. »

«¿Me da permiso para descansar?
Vous permettez que je me repose ? »

« *¿Me permite que fume?*
Vous permettez que je fume ? »

« *¿Puedo sentarme?*
Je peux m'asseoir ? »

On peut demander la permission pour un tiers.

« *María dice si puede pasar la noche en casa.*
María demande si elle peut rester dormir à la maison ce soir. »

Lorsque l'on a pris la liberté de faire quelque chose avant d'en demander la permission, on peut formuler une petite explication.

« *Espero que no le moleste que haya cogido un vaso de agua.*
J'espère que ça ne vous dérange pas que j'aie pris un verre d'eau. »

« *Me he preparado una taza de café, espero que no le moleste.*
Je me suis fait un café, j'espère que ça ne vous dérange pas. »

Demander la permission par écrit

Dans une lettre demandant une autorisation, les formules employées ont un caractère formel.

Solicito permiso para abandonar mi cargo a finales de este mes.
Je vous demande la permission de me retirer de mes fonctions à la fin du mois.

Deseo obtener su autorización para ausentarme del colegio la próxima semana.
Je souhaiterais être autorisé à m'absenter du collège la semaine prochaine.

Évaluation des connaissances

I. Compléter les phrases suivantes :

1. *Por favor, ¿ .... hora es?*
2. *¿ ...... qué hora sale el tren para Valencia?*
3. *Por favor, ¿ .... coger esta silla?*
4. *¿Me dejas tu camisa, ... ?*

II. Choisissez la réponse correcte :

1. ***Que no sé cómo solucionar este problema.***
   (a) *¿Tienes algún problema?* (b) *¿Cómo has dicho?* (c) *¿Quieres venir a mi casa?*
2. ***Martes, 1 de marzo.***
   (a) *¿Qué día es hoy?* (b) *¿Qué día se va tu hermana?* (c) *¿Cuándo has llegado?*
3. ***Sí, claro, pero no te olvides de devolvérmelo.***
   (a) *¿Me dejas el libro que te regalé?* (b) *¿Podría regar las plantas en mi ausencia?* (c) *¿Me dejas la chaqueta azul?*
4. ***A las cinco de la mañana.***
   (a) *¿Tienes hora, por favor?* (b) *¿A qué hora abre el metro?* (c) *¿Sabes el horario de la biblioteca?*

Réponses :

I. *qué - A - puedo - por favor* **II.** *1b - 2a - 3a - 4b*

Proposer, conseiller

1. Faire une proposition

Proposer quelque chose à quelqu'un

« *Le sugiero que nos traslademos a un lugar más tranquilo.*
Je vous suggère d'aller dans un endroit plus tranquille. »

« *Le propongo que vayamos a visitar a Carmen.*
Je vous propose d'aller voir Carmen. »

⚠ **Après les verbes indiquant le désir et le souhait, l'espagnol emploie le subjonctif *Te propongo que vayamos a esquiar. ¿Os gustaría que comiéramos una paella? Je te propose d'aller faire du ski. Vous aimeriez aller manger une paella ?* Mais il l'emploie aussi, plus souvent qu'en français, pour exprimer une hypothèse ou une éventualité, comme dans *Quizás le apetezca venir conmigo/ Ojalá quisieras salir conmigo Vous aimeriez peut-être venir avec moi/Pourvu que tu aies envie de sortir avec moi...***

« *Os propongo ir al cine esta tarde.*
Je vous propose d'aller au cinéma ce soir. »

« *¿Quiere tomar un vaso de agua?*
Vous voulez un verre d'eau ? »

« *¿Te apetece un café?*
Ça te dit un café ? »

« *Le hago una propuesta: usted me ofrece un buen precio y yo le compro toda la mercancía.*
Je vous fais une proposition : vous me faites un bon prix et je vous achète toute la marchandise. »

« *¿Puedo hacer una propuesta? Cambiamos de bar y seguimos hablando del asunto.*
Je peux vous faire une proposition ? Changeons de bar et continuons à parler de l'affaire. »

« *¿Intentamos coger el tren de las nueve?*
On essaie de prendre le train de 9 heures ? »

« *Me gustaría hacer una sugerencia.*
J'aimerais vous faire une suggestion. »

« *Esta noche podríamos salir a cenar.*
Nous pourrions aller dîner, ce soir. »

⚠ **Avec les verbes exprimant le souhait, le désir, la préférence, pour faire une proposition, exprimer une possibilité ou une hypothèse, l'espagnol emploie, comme le français, le conditionnel *Te gustaría salir/podríamos ir Tu aimerais sortir/on pourrait aller*.**

Faire une proposition par écrit

Desearía proponer un cambio en el organigrama de la empresa.
Je voudrais proposer une modification dans l'organigramme de l'entreprise.

Le sugerimos un cambio en las asignaturas del segundo cuatrimestre.
Nous vous suggérons une modification dans les cours du deuxième semestre.

Si lo desea, podemos hacerle una demostración gratuita en su domicilio.
Si vous le désirez, nous pouvons effectuer une démonstration gratuite à domicile.

Le proponemos un cómodo sistema de pago a plazos.
Nous vous proposons un système pratique de paiement à tempérament.

No desaproveche esta oferta y póngase en contacto con nosotros.
Ne laissez pas passer cette occasion et contactez-nous.

2. Donner un conseil

Comment prodiguer des conseils

Pour formuler un conseil ou des recommandations, on donne son opinion à quelqu'un sur ce qu'il conviendrait de faire.

« *Le recomiendo que haga ejercicio todos los días.*
Je vous recommande de faire de l'exercice tous les jours. »

« *Le recomiendo este hotel de tres estrellas.*
Je vous recommande cet hôtel 3 étoiles. »

« *Estas sillas son baratísimas. Yo, en su lugar, las compraría y las tapizaría de nuevo.*
Ces chaises sont vraiment bon marché. Moi, à votre place, je les achèterais et les retapisserais. »

« *Te aconsejo que consultes las notas a través de Internet.*
Je te conseille de consulter les notes sur Internet. »

⚠ **À la différence du français, les verbes de recommandation *Te aconsejo que vayas/Te recomiendo que hables con ellos Je te conseille d'aller/Je te recommande de parler avec eux* sont généralement suivis du subjonctif. Ils peuvent également se construire avec l'infinitif, au cas où il n'y aurait pas de complément d'objet. Noter que la préposition « de » n'est pas utilisée en espagnol.**

« *Te aconsejo ir a clase todos los días.*
Je te conseille d'aller tous les jours en cours. »

« *El mejor consejo que puedo darte es que dejes esa empresa.*
Le meilleur conseil que je peux te donner c'est de quitter cette entreprise. »

« *Si quieres un consejo, no desesperes en estos momentos.*
Si tu veux un conseil, ne perds pas courage en ce moment. »

« *Según mi experiencia en estos casos, no te molestes en llamar.*
D'après mon expérience dans ce domaine, ce n'est pas la peine que tu téléphones. »

« Deberías telefonear a tus padres para que no se preocuparan.
Tu devrais appeler tes parents pour qu'ils ne se fassent pas de souci. »

« No deberías hablarle de esa manera.
Tu ne devrais pas lui parler comme ça. »

« Tendrías que fumar menos.
Tu devrais fumer moins. »

« No tendrías que verla tan a menudo.
Tu ne devrais pas la voir si souvent. »

« Lo mejor que puedes hacer es pedirle perdón.
Le mieux que tu puisses faire c'est de lui demander pardon. »

« Lo mejor sería que olvidaras el asunto.
Il vaudrait mieux que tu oublies cette affaire. »

« Si vas a Barcelona, no dejes de visitar el parque Güell.
Si tu vas à Barcelone, n'oublies pas de visiter le Parc Güell. »

« Yo que tú lo llamaría y le diría la verdad.
Moi, à ta place, je l'appellerais et je lui dirais la vérité. »

« No lo pienses dos veces, llámala.
N'hésite pas, appelle-la. »

« Hazme caso y llámala.
Écoute-moi et appelle-la. »

« No bebas tanto, te va a sentar mal.
Ne bois pas autant, ça va te rendre malade. »

Donner un conseil par l'intermédiaire d'un tiers

« Dígale que debería llamar al médico.
Dites-lui qu'il devrait appeler un médecin. »

« Aconséjele que busque trabajo.
Conseillez-lui de chercher du travail. »

« Dile de mi parte que tendría que ordenar todos los papeles antes de presentarse en el INEM.
Dis-lui de ma part de mettre son dossier en ordre avant de se présenter à l'ANPE. »

Donner un conseil par lettre

Me permito aconsejarle que consulte este aspecto con un abogado.
Je me permets de vous conseiller de consulter un avocat pour cette affaire.

En respuesta a su consulta, le aconsejo que siga al pie de la letra las instrucciones que se adjuntan a este escrito.
En réponse à votre question, je vous conseille de suivre au pied de la lettre les instructions ci-joint.

3. Persuader ou suggérer

Persuader ou faire une suggestion

Dans certains cas, on peut être amené à faire des suggestions ou des propositions à quelqu'un.

« *¿Por qué no sale a dar un paseo?*
Pourquoi n'allez-vous pas faire un tour ? »

« *¡Quédese un par de horas más, por favor!*
Restez encore quelques heures, s'il vous plaît ! »

« *No se vaya todavía.*
Ne partez pas encore. »

« *¿No te quedarías un poco más?*
Tu ne resterais pas un peu plus longtemps ? »

« *¡Quédate, anda!*
Allez, reste ! »

« *¡Venga, dame un beso!*
Allez, fais-moi une bise ! »

« *¡Ven al cine, va!*
Allez, viens au cinéma ! »

Persuader ou faire une suggestion par lettre

Le sugerimos que se ponga en contacto con nuestro Departamento de Atención al Cliente para resolver los problemas de su factura.
Nous vous suggérons de vous mettre en rapport avec notre Service Clients pour résoudre la question de votre facture.

He consultado su expediente con nuestro experto en Patentes y, en su lugar, registraría su invento lo antes posible, con la finalidad de evitar futuros problemas legales.
J'ai consulté votre dossier avec notre expert en brevets et, à votre place, je ferais breveter votre invention au plus vite, afin d'éviter de futurs problèmes d'ordre légal.

4. Confirmer ou rassurer

Confirmer des propos ou rassurer quelqu'un

« *Tiene toda la razón, llamaré a mi abogado el lunes.*
Vous avez parfaitement raison, j'appellerai mon avocat lundi. »

« *No se preocupe, resolveré el problema lo antes posible.*
Ne vous inquiétez pas, je résoudrai le problème le plus vite possible. »

« *Confíe en mí, le pediré perdón.*
Faites-moi confiance, je lui demanderai pardon. »

« *Sin falta la llamo.*
Je vous appelle sans faute. »

« *De acuerdo, allí estaré.*
D'accord, j'y serai. »

« *Tranquilo, me tomaré el medicamento.*
Ne t'inquiète pas, je prendrai le médicament. »

« *No hay problema, iré a visitarla.*
Pas de problème, j'irai lui rendre visite. »

« *Está bien, iré al médico.*
D'accord, j'irai chez le médecin. »

« *Vale, ahora voy.*
D'accord, j'arrive. »

« *Tranqui, no me quedaré en casa todas las noches.*
Cool, je ne resterai pas tous les soirs à la maison. »

⚠ **En espagnol *Vale Ça va (D'accord)* est d'un emploi familier. *Tranqui*, l'abréviation de *tranquilo*, est également très familier.**

Confirmer des propos ou rassurer par écrit

Le escribo para dar mi conformidad a los cambios que me sugiere en su carta.
Je vous écris pour vous dire que suis d'accord avec les changements que vous suggérez par courrier.

Deseo que esta carta disipe las dudas que usted tenía en relación con mi estado de salud. Le prometo seguir todos sus consejos al pie de la letra. Agradecido por su interés...
Je souhaiterais que cette lettre serve à apaiser vos doutes sur mon état de santé. Je vous promets de suivre tous vos conseils au pied de la lettre. Vous remerciant de l'intérêt que vous portez à mon cas...

Évaluation des connaissances

I. Choisir la bonne réponse :

1. ***Me gustaría ... un brindis.***
   (a) *propuesta* (b) *proponer* (c) *propondría*

2. ***Deberías ... perdón.***
   (a) *pedir* (b) *perdonarlo* (c) *aconsejarle*

3. ***Le propongo que ... un viaje.***
   (a) *hagamos* (b) *hacer* (c) *salgamos*

4. ***Tendrías ... comer menos.***
   (a) *bien* (b) *que* (c) *sólo*

5. ***Te ... que lo medites unos días.***
   (a) *aconsejar* (b) *aconsejo* (c) *brindo*

II. Remettre dans l'ordre les phrases suivantes :

1. *La culpa era mía.*
2. *No sé cómo hacerlo.*
3. *¿De quién era la culpa?*
4. *Hazme caso y llámala.*
5. *Te aconsejo que le pidas perdón.*
6. *¿Crees que servirá de algo?*
7. *Lo mejor sería que la llamaras.*
8. *He discutido con María.*

Réponses :

I. *1b - 2a - 3a - 4b - 5b* **II.** *8 - 3 - 1 - 5 - 2 - 7 - 6 - 4*

Donner son opinion

1. Accepter ou refuser quelque chose

Accepter ou refuser

Lorsque l'on reçoit un cadeau, on remercie la personne qui l'offre tout en ajoutant un commentaire approprié.

« *Muy agradecida. ¡No tenía que haberse molestado!*
Je vous remercie beaucoup. Vous n'auriez pas dû ! »

« *(Muchas) Gracias, me encantan estos bombones.*
Merci (beaucoup), j'adore ces chocolats. »

« *Gracias, me gustan mucho las flores.*
Merci, j'aime beaucoup les fleurs. »

« *Muchísimas gracias. Era justo lo que yo quería.*
Merci beaucoup. C'était exactement ce que je voulais. »

« *Gracias. ¡Qué detalle por tu parte! Me hace mucha ilusión tu regalo.*
Merci. Quelle attention de ta part ! Ton cadeau me fait vraiment plaisir. »

« *Gracias por decírmelo.*
Merci de me le dire. »

⚠ **À l'infinitif, au gérondif et à l'impératif affirmatif, le pronom personnel complément d'objet se place immédiatement après le verbe, sinon il se place devant. Dans le cas de doubles pronoms, que ce soit avant ou après le verbe, le pronom indirect est toujours placé avant le pronom direct *Gracias por traérmelo/Te lo regalo*. Lorsque les deux pronoms employés sont à la 3ème personne, le pronom indirect est remplacé par le pronom impersonnel *se*, *Se lo agradezco*.**

Un service rendu est également l'objet de remerciements personnalisés.

« *Ha sido muy amable por tu parte acompañarme.*
C'est très gentil de m'avoir accompagné. »

« *Te agradezco mucho que te quedes con los niños esta noche. ¡No sabes el favor que me haces!*
Je te remercie beaucoup de garder les enfants ce soir. Tu n'imagines pas le service que tu me rends ! »

« *Muchísimas gracias por la ayuda. Sin ella no sé qué hubiera hecho.*
Merci beaucoup de ton/votre aide. Je ne sais pas ce que j'aurais fait, autrement. »

« *Muchas gracias por llevarme la bolsa. Pesa mucho y me duele la espalda.*
Merci beaucoup d'avoir porté mon sac. Il pèse très lourd et j'ai mal au dos. »

« *Gracias por prestarme el paraguas. Está lloviendo a mares.*
Merci pour le parapluie. Il pleut des cordes. »

La personne qui rend un service accompagne généralement son geste d'une petite phrase pour en minimiser l'importance.

« *Estoy encantada de poder serte de alguna ayuda.*
Je suis ravie de pouvoir t'aider. »

« *Haré de canguro encantada. ¡Me gustan mucho los niños!*
Ravie de jouer la baby-sitter. J'adore les enfants ! »

« *De acuerdo. Regaré las plantas en tu ausencia.*
D'accord. J'arroserai les plantes durant ton absence. »

« *Muy bien. No me importa en absoluto pasar cada día por tu casa para dar de comer al gato.*
Très bien. Ça ne me dérange pas du tout de passer tous les jours chez toi donner à manger au chat. »

« *Ningún problema. Ya te ayudaré a preparar la cena.*
Pas de problème. Plus tard, je t'aiderai à préparer le dîner/Je vais t'aider. »

« *Vale. Coge el coche si lo necesitas.*
D'accord. Prends la voiture, si tu en as besoin. »

Une invitation ou une proposition requiert toujours une réponse.

> « *Asistiremos sin falta.*
> *Nous viendrons sans faute.* »

> « *Muchas gracias por la invitación. No faltaré.*
> *Merci beaucoup pour l'invitation. Je viendrai.* »

> « *Estoy conforme. Acepto su oferta.*
> *Je suis d'accord. J'accepte la proposition.* »

> « *Bailaré con usted encantada.*
> *Je serai ravie de danser avec vous.* »

> « *De acuerdo. ¡Vayamos al teatro!*
> *D'accord. Allons au théâtre !* »

> « *¡Vale, vayamos en metro!*
> *D'accord, prenons le métro/allons-y en métro.* »

Accepter par écrit un cadeau ou un service

À la suite d'un cadeau ou d'un service rendu, on peut exprimer sa reconnaissance par courrier.

Quisiera expresarle mi más sincero agradecimiento por el presente que me ha hecho llegar. Me siento muy halagado.
Je voudrais vous exprimer mes remerciements les plus sincères pour le cadeau que vous m'avez envoyé. J'en suis très flatté.

Le escribo estas líneas para expresarle mi más profunda gratitud por su carta de recomendación.
Par ces lignes je tiens à vous exprimer ma profonde gratitude pour votre lettre de recommandation.

Agradecemos mucho el regalo que enviaste a los niños por Navidad. Les ha encantado.
Nous te remercions beaucoup pour le cadeau envoyé aux enfants à Noël. Ils l'ont adoré.

Me veo en la obligación de rechazar el regalo que su empresa me ha enviado por correo.
Je me vois dans l'obligation de refuser le cadeau que votre entreprise m'a envoyé par courrier.

Siento comunicarle que no puedo aceptar su presente.
Je suis désolé de vous communiquer que je ne peux accepter votre présent.

Le agradezco mucho el interés que ha demostrado en este asunto, pero considero que es obligación de nuestro departamento y no del suyo solucionarlo.
Je vous sais gré de tout l'intérêt que vous avez témoigné pour cette affaire, je considère toutefois qu'il incombe à notre service et non au vôtre de la résoudre.

Pour refuser une proposition ou une invitation par écrit, on joint des explications de circonstance.

Le agradecemos la invitación, pero no podremos asistir a la inauguración por causas familiares.
Nous vous remercions de votre invitation, mais nous ne pourrons assister à l'inauguration pour des motifs familiaux.

Lamento tener que comunicarle que me será imposible formar parte de la comisión.
Je suis désolé de vous communiquer que je serai dans l'impossibilité de faire partie de la commission.

REMARQUE
À l'occasion des fêtes de fin d'année, de nombreuses entreprises, des commerces et certaines administrations offrent à leurs employés et à leurs meilleurs clients un « cadeau d'entreprise » qui se caractérise généralement par un panier de Noël *Cesta de Navidad*. Selon les cas, il peut s'agir d'un simple carton rempli de quelques bouteilles ou, le plus souvent, d'un vrai panier en osier garni d'un plus ou moins grand nombre de produits festifs typiques : vin, vin mousseux assimilé au Champagne *cava*, nougat *turrón*, jambon cru et charcuterie. Cette pratique est cependant en perte de vitesse depuis quelques années.

2. Exprimer un désir, une préférence ou un sentiment

Exprimer un désir

Différentes expressions verbales permettent de manifester un désir, de manière plus ou moins directe.

« *Me apetece ir a cenar a un restaurante italiano.*
J'ai envie de dîner dans un restaurant italien. »

« *Tengo ganas de que deje de llover.*
J'ai envie qu'il arrête de pleuvoir. »

« *Quiero cambiar de piso.*
Je veux changer d'appartement. »

« *Quisiera poder ir al concierto.*
Je voudrais pouvoir aller au concert. »

« *Me encantaría/gustaria (mucho) ir a Japón.*
J'adorerais/aimerais (beaucoup) aller au Japon. »

« *¡Sería estupendo que dejasen de discutir!*
Ce serait merveilleux qu'ils arrêtent de se/que vous arrêtiez de vous disputer. »

« *¡Ojalá se acabe la guerra!*
Pourvu que la guerre finisse ! »

« *¡Quién pudiera pisar la luna!*
Si on pouvait marcher sur la lune ! »

Les verbes exprimant le souhait, le désir, les préférences –eux-mêmes au conditionnel ou à l'imparfait du subjonctif, selon les cas– peuvent se construire avec l'élément « j'aimerais » suivi du subjonctif *me gustaría que fuéramos... j'aimerais qu'on aille...* ou avec une proposition infinitive *preferiría ir... je préfèrerais aller...*

Manifester ses goûts

Pour exprimer ses goûts, on peut employer les expressions suivantes :

« *Me gusta (mucho) que me visites una vez al mes.*
Ça me fait (très) plaisir que tu viennes une fois par mois. »

« *Me gusta la música.*
J'aime la musique. »

« *Me encanta que me compres flores.*
J'adore que/quand tu m'achètes des fleurs. »

« *Me encanta comer chocolate.*
J'adore manger du chocolat. »

Manifester ses aversions

Les expressions utilisées pour exprimer son antipathie peuvent être très tranchées.

« *Detesto a la gente que miente.*
Je déteste les gens qui mentent. »

***Les gens*, nom masculin pluriel en français est au contraire employé au féminin singulier en espagnol *la gente*.**

« *Odio trabajar los sábados por la mañana.*
Je hais/J'ai horreur de travailler le samedi matin. »

« *No me gusta el color rosa.*
Je n'aime pas le rose. »

« *No me gusta que la gente sea egoísta.*
Je n'aime pas que les gens soient égoïstes. »

« *No soporto a Eva.*
Je ne supporte pas Eva. »

Exprimer ses préférences

La manifestation des préférences comporte souvent une autre proposition.

« *Prefiero el color rojo al azul.*
Je préfère le rouge au bleu. »

« *Prefiero ir a la playa que ir a la montaña.*
Je préfère aller à la plage plutôt qu'à la montagne. »

« *Prefiero mil veces que me diga la verdad.*
Je préfère mille fois qu'on me dise la vérité. »

« *De entre todas estas camisas, prefiero la estampada.*
Parmi toutes ces chemises, je préfère celle qui a des motifs. »

« *Me gusta más el teatro que el cine.*
J'aime mieux le théâtre que le cinéma. »

« *De todos los deportes, me quedo, sin duda, con el fútbol.*
De tous les sports, je retiens sans aucun doute le football. »

« *Mozart es mi compositor favorito/preferido.*
Mozart est mon compositeur favori/préféré. »

Parfois, c'est au contraire l'indifférence à l'égard de plusieurs options que l'on exprime.

« *No tengo preferencias.*
Je n'ai pas de préférence. »

« *Me da igual uno que otro.*
L'un ou l'autre, ça m'est égal. »

« *Me gustan igual/lo mismo.*
Il me plaisent autant (l'un que l'autre). »

« *Me gustan por un igual/por el estilo.*
Ils me plaisent autant (l'un que l'autre) »

⚠ ***Gustar*** **est le verbe le plus employé pour dire que quelque chose ou quelqu'un plaît, mot à mot qu'il est à notre goût. L'espagnol emploie le verbe *querer + a* pour le verbe *aimer* quelqu'un en général et réserve *amar* pour une notion plus absolue de l'amour.**

REMARQUE
En Espagne, il semble que les jeux de hasard soient plus communément prisés qu'en France. Dans tous les cas, ils relèvent d'une authentique tradition, celle du tirage au sort du gros lot *«el gordo»* de la loterie de Noël, le 22 décembre, événement retransmis à la télévision. Les commerces, les entreprises et les associations profitent de cette date pour émettre des participations sur la loterie de Noël, qui donnent lieu à des lots en nature ou en espèces. Outre les tirages de la Loterie nationale, il existe également d'autres formules, telles que *la primitiva* ou loto, le tiercé du football *la quiniela* et la loterie de l'Organisation nationale des aveugles, la *ONCE*.

3. Être d'accord

Exprimer son accord

Au cours d'une discussion, il peut s'avérer nécessaire de faire savoir à l'interlocuteur que l'on est d'accord avec lui.

« Pienso lo mismo que usted.
Je pense comme vous. »

« Tiene usted razón.
Vous avez raison. »

« Está usted en lo cierto.
Vous êtes dans le vrai. »

« Por supuesto.
Bien sûr. »

« Exactamente.
Exactement. »

« Efectivamente.
Effectivement. »

« En efecto.
En effet. »

« (Estoy) Conforme.
(Je suis) D'accord. »

« *Desde luego.*
Bien sûr. »

« *No cabe la menor duda.*
Il n'y a pas l'ombre d'un doute. »

« *¡Sin duda!*
Sans aucun doute ! »

« *Sí, es verdad.*
Oui, c'est vrai. »

« *¡Claro!*
C'est clair. »

Manifester son accord par écrit

À l'écrit, l'accord est plus formel et plus explicatif.

Quisiera comunicarle que estoy (completamente) de acuerdo con usted en lo referente a la situación de la empresa.
Je voudrais vous faire savoir que je suis (tout à fait) d'accord avec vous en ce qui concerne la situation de l'entreprise.

Compartimos su punto de vista sobre la necesidad de renovar las instalaciones.
Nous partageons votre point de vue quant à la nécessaire rénovation des installations.

4. Exprimer son désaccord

Ne pas être d'accord

On peut manifester ses divergences d'opinion de manière très directe.

« *Yo opino lo contrario.*
Je suis de l'avis contraire. »

« *No estoy de acuerdo (contigo).*
Je ne suis pas d'accord (avec toi). »

« *Pues no estoy (totalmente) de acuerdo.*
Eh bien, je ne suis pas (tout à fait) d'accord. »

« *No pienso lo mismo.*
Je pense différemment/Je ne pense pas pareil. »

« *Se equivoca.*
Vous vous trompez. »

« *No lo veo como usted.*
Je ne pense pas comme vous. »

« *No tienes razón.*
Tu as tort. »

« *¡En absoluto!*
Absolument pas !/Pas du tout ! »

« *¡Para nada!*
Pas du tout ! »

« *No, no creo.*
Non, je ne crois pas. »

« *¡Qué va!*
Mais non ! »

La répétition sur un ton interrogatif d'une partie des propos de l'interlocuteur, permet d'exprimer un doute.

Eva: « *Creo que Víctor es encantador.*
Beatriz: *¿Encantador?*»

Eva : « *Je trouve Victor charmant.*
Beatriz : *Charmant ?* »

L'exposé des motifs du désaccord permet de nuancer les propos.

« *Lo siento, pero no comparto su opinión. Yo creo que todavía existe discriminación sexual.*
Je suis désolé, mais je ne partage pas votre opinion. Je crois que la discrimination sexuelle est encore en vigueur. »

« *Lamentándolo mucho, no puedo estar de acuerdo contigo. Creo que debes ser tú el que dé el primer paso.*

Je suis vraiment désolé, je ne peux pas être d'accord avec toi. Je crois que c'est toi qui dois faire le premier pas. »

« *Siento decirte que no estoy de acuerdo. Yo siempre he comido muy bien en ese restaurante.*
Désolé de te dire que je ne suis pas d'accord. Moi, j'ai toujours très bien mangé dans ce restaurant. »

Exprimer son désaccord par écrit

Dans une lettre formelle, les phrases employées sont naturellement plus recherchées.

Lamentamos no compartir su opinión, pero pensamos que el proyecto no puede prosperar.
Nous sommes désolés de ne pas partager votre opinion : le projet nous semble, en effet, sans avenir.

Quisiera manifestarles mi disconformidad.
Je voudrais vous manifester mon désaccord.

Siento no estar de acuerdo con usted en lo referente a la necesidad de contratar más empleados.
Je suis désolé de ne pas être d'accord avec vous au sujet de la nécessité d'embaucher davantage.

5. Exprimer la certitude ou le doute

Manifester la certitude

La certitude peut s'exprimer de différentes manières.

« *No dudo que pensará en mí.*
Je suis certain qu'il pensera à moi. »

« *Estoy (completamente) seguro de que vendrán el martes.*
Je suis (absolument) persuadé qu'il viendra mardi. »

« *Seguro que me ofrecen el cargo de supervisor.*
Je suis sûr qu'ils vont me proposer le poste de contrôleur. »

« *Estoy convencida de que me dejarán en paz.*
Je suis convaincue qu'ils ne m'inquiéteront pas. »

« *Sé que me harán un regalo.*
Je sais qu'ils me feront un cadeau. »

Exprimer la certitude, à l'écrit

Pour exprimer la certitude, on emploie des expressions de ce type :

Con toda seguridad, nuestro producto será del agrado de todos nuestros clientes.
Notre produit sera assurément au goût de notre clientèle.

Tenemos la absoluta certeza de que quedará completamente satisfecho de nuestro servicio.
Nous avons l'absolue certitude que vous serez pleinement satisfait de nos services.

Aseguro a los lectores que los hechos narrados son totalmente ciertos.
J'assure les lecteurs que les faits exposés sont absolument véridiques.

Exprimer le doute

Le doute et l'hésitation se manifestent à l'aide de différentes expressions verbales.

« *No estoy seguro de que me llamen esta semana.*
Je ne suis pas sûr qu'ils m'appellent cette semaine. »

« *No sé si compraré un jamón para estas fiestas.*
Je ne sais pas si j'achèterai un jambon pour les fêtes. »

« *No creo que apruebe el examen.*
Je ne crois pas que je réussirai l'examen. »

« *Creo que él es el culpable, pero no pondría la mano en el fuego*
Je crois que c'est lui le coupable, mais je n'en mettrais pas ma main au feu. »

« *Supongo que están casados, pero no lo sé a ciencia cierta.*
Je suppose qu'ils sont mariés, mais je n'en suis pas sûre et certaine. »

« *Puede ser que haya aprobado, pero no lo tengo claro.*
J'ai peut-être réussi (l'examen), mais je n'en suis pas très sûre. »

« *Para mí que están divorciados, pero no lo juraría.*
À mon avis, ils sont divorcés, mais je n'en jurerais pas. »

« *Quizás iré a verte mañana.*
J'irai peut-être te voir demain. »

« *Me pregunto si el banco estará cerrado por la tarde.*
Je me demande si la banque ferme l'après-midi. »

Exprimer le doute et l'hésitation à l'écrit

No estamos en situación de poderles confirmar que se realice el viaje.
Nous ne sommes pas en mesure de pouvoir vous confirmer si ce voyage aura lieu ou non.

En estos momentos, no podemos garantizarles que los vuelos funcionen con normalidad a partir de las 18:30.
Pour le moment, nous ne pouvons pas vous garantir le rétablissement des vols à partir de 18h30.

Évaluation des connaissances

I. Compléter les phrases suivantes :

1. *No puedo .... el regalo.*
2. *No me .... ir al cine.*
3. *Me .... cantar en los coros.*
4. *Estoy .... con su opinión.*

II. Choisir la réponse correcte :

1. ***¿Me acompaña a pasear?***
(a) *Con mucho gusto.* (b) *¡Gracias, es muy bonito!* (c) *No estoy de acuerdo.*
2. ***Te he comprado un anillo de brillantes.***
(a) *No tengo tiempo.* (b) *No puedo aceptarlo.* (c) *De acuerdo.*
3. ***¿Qué te gustaría hacer?***
(a) *Me apetecería ir a la playa.* (b) *Me gusta la playa.* (c) *Muchas gracias.*
4. ***Detesto a las personas racistas.***
(a) *Prefiero esto.* (b) *No soporto a María.* (c) *Pienso lo mismo que usted.*

Réponses :

I. *aceptar - apetece - gusta - de acuerdo* **II.** *1a - 2b - 3a - 4c*

Situations
Sujets de conversation généraux

1. Parler du temps

Pour engager une conversation, on aborde souvent des banalités, par exemple, le temps qu'il fait.

« *¡Qué día tan bonito hace! ¿Verdad? Está haciendo muy buen tiempo últimamente.*
Quelle belle journée ! N'est-ce pas ? Il fait très beau ces derniers temps. »

« *¡Vaya tiempo más malo que está haciendo!*
Quel sale temps ! »

« *¡Qué tiempo tan raro! Hace un momento estaba lloviendo y ahora ha salido el sol.*
Quel temps bizarre ! Il y a un moment, il pleuvait et maintenant le soleil brille. »

⚠ **Les verbes espagnols *estar, ir, venir, seguir* suivis du gérondif *être en train de, continuer à/de* expriment le déroulement de l'action *estaba nevando il neigeait (il était en train de neiger)*, *seguía lloviendo il continuait de pleuvoir*.**

« *Ha refrescado, ¿no cree?*
Le temps s'est refroidi, on dirait ? »

« *¡Qué frío! ¡Y dicen que todavía bajarán más las temperaturas!*
Quel froid ! Et on annonce que les températures vont encore baisser ! »

⚠ **Dans ce cas, la 3ème personne du pluriel, qui représente les gens, à l'exception du locuteur, est l'équivalent du *on* français.**

« *Hace mucho calor, ¿no?*
Il fait très chaud, n'est-ce pas ? »

«¡Qué calor! No es normal que en noviembre haga este calor.
Quelle chaleur ! Ce n'est pas normal qu'il fasse aussi chaud en novembre. »

«Parece que va a llover.
On dirait qu'il va pleuvoir. »

«¡Vaya tormenta! Estoy empapado.
Quel orage ! Je suis trempé. »

«¡Está lloviendo a mares! ¿Llevas paraguas?
Il pleut à verse ! Tu as un parapluie ? »

«¡Menudo viento!
Quel vent ! »

On peut également s'intéresser au climat du lieu.

«¿Qué tiempo suele hacer en primavera? ¿Llueve mucho?
Quel temps fait-il normalement au printemps ? Il pleut beaucoup ? »

«¿Bajan mucho las temperaturas en invierno?
Les températures baissent beaucoup en hiver ? »

«¿A cuántos grados se suele llegar en verano?
La température s'élève à combien habituellement l'été ? »

«¿Hay niebla en esta zona?
Il y a de la brume dans cette zone ? »

«¿Es una región húmeda?
C'est une région humide ? »

On peut aussi émettre des prévisions météorologiques.

«Está muy nublado. Acabará lloviendo.
Le ciel est très nuageux. Il finira par pleuvoir. »

«¿Crees que va a nevar?
Tu crois qu'il va neiger ? »

⚠ **Le futur proche se construit (verbe *ir* au présent suivi de l'infinitif) et s'emploie de la même manière qu'en français.**

«Amenaza tormenta.
Il y a de l'orage dans l'air. »

REMARQUE
La conversation est un art qui se pratique beaucoup en Espagne, à tel point qu'un certain type de réunions, entre amis ou amateurs (de sport, de courses, de corridas, de littérature, etc.), caractérisé par la tenue de conversations et l'échange d'idées sur un thème choisi porte un nom, *una tertulia*, dont les habitués, *los tertulianos*, se réunissent à date fixe dans un bar ou chez un ami. Les médias peuvent aussi intituler de la sorte les débats qu'ils organisent périodiquement.

2. Parler de la santé et de l'état physique

On ne parle généralement pas de sa santé à un interlocuteur, à moins de savoir qu'il a eu des ennuis, auquel cas on lui demande de ses nouvelles.

« *¿Cómo se encuentra?*
Comment vous sentez-vous ? »

« *¿Se encuentra bien?*
Vous allez bien ? »

« *¿Te encuentras mejor?*
Ça va mieux ? »

« *¿Cómo estás?*
Comment vas-tu ? »

« *¿Cómo va ese resfriado?*
Comment va ce rhume ? »

« *¿Qué tal la pierna? ¿Te sigue doliendo?*
Et ta jambe ? Tu as toujours mal ? »

Ces questions sont suivies de réponses brèves.

« *Muy bien, gracias.*
Très bien, merci. »

« *Ya estoy bien, gracias.*
Ça y est, je vais bien, merci. »

« *Todavía no me encuentro bien del todo.*
Je ne suis pas encore totalement rétabli. »

« *Todavía estoy pachucho.*
Je suis encore un peu patraque. »

« *Estoy así así.*
Je vais comme ci comme ça. »

« *Sigo con molestias.*
J'ai toujours mal. »

« *Estoy (bastante) mejor.*
Je vais (plutôt) mieux. »

« *Me encuentro mejor.*
Ça va mieux. »

On peut s'informer de l'état de santé d'une tierce personne.

« *¿Cómo está su marido? ¿Cómo fue la operación?*
Comment va votre mari ? Comment s'est passée l'opération ? »

⚠ **En espagnol on emploie couramment le passé simple dans la conversation, à la différence du français, qui réduit son emploi à l'écrit, au profit du passé composé. Il est employé lorsque l'action est considérée comme terminée *Fue una operación difícil Ça a été une opération difficile.***

« *¿Qué tal está tu cuñada? ¿Ya ha tenido al niño?*
Comment va ta belle-sœur ? Elle a accouché ? »

« *En casa, ¿todos bien?*
Chez toi, tout le monde va bien ? »

Si l'interlocuteur a un malaise au cours de la conversation, on lui demande directement comment il se sent.

« *¿Se encuentra usted bien?*
Vous vous sentez bien ? »

« *¿Estás bien?*
Ça va ? »

« *¿Qué te pasa?*
Qu'est-ce qui t'arrive ? »

On répond le plus souvent à ces questions en précisant la nature du malaise.

« *Me estoy mareando.*
J'ai mal au cœur (Je suis en train d'avoir mal au cœur). »

« *Estoy (muy) mareada.*
J'ai (très) mal au cœur. »

« *Tengo (mucho) dolor de cabeza.*
J'ai (très) mal à la tête. »

« *Me duele (mucho) el estómago.*
J'ai (très) mal à l'estomac. »

« *Tengo (muchas) ganas de devolver.*
J'ai (très) envie de vomir. »

« *Creo que tengo fiebre. Tengo escalofríos.*
Je crois que j'ai de la fièvre. J'ai des frissons. »

« *Me siento débil.*
Je me sens faible. »

« *Me he torcido el tobillo.*
Je me suis tordu la cheville. »

On peut aussi faire allusion à d'autres problèmes d'ordre physique.

« *Estoy agotado/(muy) cansado.*
Je suis épuisé/(très) fatigué. »

« *Estoy haciendo rehabilitación.*
Je fais de la rééducation (Je suis en train de faire de la rééducation). »

« *He empezado un régimen.*
J'ai commencé un régime. »

« *Estoy haciendo régimen.*
Je suis en train de faire un régime. »

« *Estoy a dieta/régimen.*
Je suis à la diète/au régime. »

« *Estoy muy deprimido.*
Je suis très déprimé. »

« *Tengo (mucha) ansiedad.*
Je suis (très) angoissé. »

« *He decidido dejar de fumar.*
J'ai décidé d'arrêter de fumer. »

« *Llevo cuatro semanas sin fumar.*
Ça fait 4 semaines que j'ai arrêté de fumer. »

⚠ **Le verbe *llevar* suivi d'un complément de temps correspond aux indications de temps *il y a, ça fait, depuis*.**

« *Sigo un tratamiento para dejar de fumar.*
Je suis un traitement pour arrêter de fumer. »

3. Parler des vacances, de sport, de politique

Parler des vacances

On peut profiter de la proximité des vacances pour poser quelques questions.

« *¿Adónde irás de vacaciones?*
Où iras-tu en vacances ? »

« *¿Dónde pasarás el verano?*
Où passeras-tu l'été ? »

« *¿Podrás hacer las vacaciones en julio?*
Tu pourras prendre tes vacances en juillet ? »

« *¿Qué hiciste el verano pasado?*
Qu'est-ce que tu as fait l'été dernier ? »

« *¿Has hecho vacaciones este año?*
Tu as pris des vacances cette année ? »

La réponse dépendra de la question posée.

« *El año pasado no hice vacaciones.*
L'année dernière, je ne suis pas parti en vacances. »

« *Queremos hacer una ruta en bicicleta por el norte de España.*
Nous voulons faire un circuit en vélo dans le nord de l'Espagne. »

« *Hemos pensado viajar por Italia en Semana Santa.*
On pense partir en Italie pour Pâques. »

« *Pasaré las vacaciones en la montaña.*
Je passerai mes vacances à la montagne. »

« *El próximo verano iré a Asturias.*
L'été prochain, j'irai dans les Asturies. »

« *Viajé al sur de Francia en julio.*
Je suis allé dans le sud de la France en juillet. »

« *En agosto, visitamos a mi familia de Andalucía.*
En août, nous sommes allés/nous allons rendre visite à ma famille d'Andalousie. »

« *Creo que podré coger las vacaciones en agosto.*
Je crois que je pourrai prendre des vacances en août. »

Contrairement au français, l'article défini est normalement omis devant les noms de pays et de régions, sauf pour quelques noms *La Mancha, El Salvador, El Algarve...* et lorsqu'ils sont suivis d'un complément ou d'un adjectif *Un recorrido por la Galicia olvidada*.

On peut également demander comment les vacances se sont passées.

« *¿Cómo han ido las vacaciones?*
Comment se sont passées les vacances ? »

« *¿El viaje ha ido bien?*
Le voyage s'est bien passé ? »

« *¿Te lo has pasado bien?*
Ça s'est bien passé ? »

L'expression construite à partir du verbe pronominal *pasárselo bien* signifie littéralement *s'amuser, bien s'amuser*.

« *¿Te ha gustado Moscú?*
Tu as aimé Moscou/Moscou t'a plu ? »

« *¿Habéis tenido algún problema en el tren?*
Vous avez eu des problèmes dans le train ? »

« *¿Qué tal (ha ido) por Alemania?*
Ça s'est bien passé en Allemagne ? »

La réponse se fait en fonction de la question posée.

« *Me lo he pasado muy bien.*
Je me suis bien amusé (J'ai passé de bonnes vacances). »

« *Ha sido muy divertido.*
Ça a été très amusant. »

« *Moscú es una ciudad muy bonita.*
Moscou est une très jolie ville. »

« *No hemos tenido ningún problema.*
Nous n'avons eu aucun problème. »

Parler de sport

Une conversation sur le sport peut commencer de la manière suivante :

« *¿Haces deporte?*
Tu fais du sport ? »

« *¿Practicas/haces algún deporte?*
Tu pratiques/fais un sport en particulier ? »

« *¿Cuál es tu deporte favorito?*
Quel est ton sport favori ? »

« *¿Te gusta el fútbol?*
Tu aimes le football ? »

« *¿Te gusta jugar a fútbol?*
Tu aimes jouer au football ? »

« *¿Jugamos un partido de tenis?*
On fait un match de tennis ? »

Les réponses indiquées ci-dessous correspondent aux questions posées.

« *Voy cada día a la piscina a nadar.*
Je vais tous les jours (nager) à la piscine. »

« *Siempre que puedo voy al gimnasio.*
Je vais au gymnase à chaque fois que c'est possible. »

« *Los fines de semana salgo en bicicleta.*
Je fais du vélo le week-end. »

« *Hago menos deporte del que quisiera.*
Je fais moins de sport que je n'aimerais. »

« *Los deportes no me gustan, pero en verano juego a voleibol en la playa.*
Le sport ne me plaît pas, mais en été, je fais du volley sur la plage. »

« *El baloncesto es mi deporte favorito.*
Le basket est mon sport favori. »

« *Me encanta el fútbol.*
J'adore le football. »

« *Soy un fanático del ciclismo.*
Je suis fan de cyclisme. »

« *Ahora no me apetece jugar al tenis. Estoy muy cansado.*
Je n'ai pas envie de jouer au tennis maintenant. Je suis très fatigué. »

Au cours de la conversation, d'autres questions peuvent être posées.

« *¿De qué equipo eres?*
Tu es pour quelle équipe ? »

« *¿Quién ha ganado el partido?*
Qui a gagné le match ? »

« *¿Quién crees que ganará la Liga?*
À ton avis, qui gagnera la Coupe ? »

« *¿Cómo va el partido?*
Comment va le match ? »

Questions auxquelles on peut donner les réponses suivantes :

« *Aunque me gusta el fútbol, no soy hincha de ningún equipo.*
J'aime le football, mais je ne suis supporter d'aucune équipe. »

« *No tengo carnet de socio de ningún club.*
Je ne suis membre d'aucun club. »

« *Ha ganado el equipo visitante.*
C'est l'équipe invitée qui a gagné. »

« *Los equipos han empatado.*
Les deux équipes ont fait match nul. »

« *El partido ha sido muy aburrido.*
Le match a été très ennuyeux. »

« *Han marcado un gol.*
Ils ont marqué un but. »

Parler de politique

Entamer une conversation sur la situation politique conduit à parler des différents partis.

> « *¿Qué partido gobierna en tu país?*
> *Quel est le parti au pouvoir dans ton pays ?* »

> « *¿Es un partido de derechas o de izquierdas?*
> *C'est un parti de droite ou de gauche ?* »

> « *¿A quién votaste en las últimas elecciones?*
> *Pour qui tu as voté aux dernières élections ?* »

> « *¿Qué piensas de la situación política actual?*
> *Qu'est-ce que tu penses de la situation politique actuelle ?* »

La conversation peut aborder des points plus précis.

> « *En teoría, es un partido de izquierdas, pero su política es conservadora.*
> *En théorie, c'est un parti de gauche, mais il a une politique conservatrice.* »

> « *Aunque el voto es secreto, te confieso que voté a un partido ecologista.*
> *Bien que le vote soit secret, je t'avouerai que j'ai voté pour les écologistes.* »

> « *La campaña electoral finaliza el próximo viernes.*
> *La campagne électorale se termine vendredi prochain.* »

> « *No estoy de acuerdo con la política que llevan a cabo.*
> *Je ne suis pas d'accord avec leur politique.* »

4. Parler de soi

On peut parler de sa famille pour en évoquer l'origine et les particularités.

> « *Mi familia es asturiana.*
> *Ma famille est originaire des Asturies.* »

> « *En mi familia ha habido varios actores.*
> *Dans ma famille, il y a eu plusieurs acteurs.* »

> « *Mis padres viven en Galicia.*
> *Mes parents vivent en Galice.* »

« Mi padre es dos años mayor que mi madre.
Mon père a deux ans de plus que ma mère. »

« Mi padre es ingeniero de caminos.
Mon père est ingénieur des Ponts et Chaussées. »

« Mi padre está jubilado.
Mon père est à la retraite. »

« Mis padres están divorciados.
Mes parents sont divorcés. »

« Mis padres son muy mayores.
Mes parents sont très âgés. »

« Mi abuelo murió hace dos años.
Mon grand-père est mort il y a deux ans. »

« No tengo hermanos.
Je n'ai pas de frères/pas de frères et sœurs. »

« Somos tres hermanos.
Nous sommes trois frères/frères et sœurs. »

« Soy la mayor de cuatro hermanos.
Je suis l'aînée de quatre frères/frères et sœurs. »

« Mi hermana pequeña estudia en el extranjero.
Ma petite sœur fait des études à l'étranger. »

« Tengo un hermano artista.
J'ai un frère artiste. »

« Me llevo tres años con mi hermano.
J'ai trois ans de plus/de moins que mon frère. »

« Mi cuñada es profesora universitaria.
Ma belle-sœur est professeur à l'université. »

« Estoy casada y tengo dos hijos: un niño de 10 años y una niña de 8.
Je suis mariée et j'ai deux enfants : un garçon de 10 ans et une fille de 8 ans. »

« Soy viuda.
Je suis veuve. »

On peut parler de son logement.

« Vivo en un piso de alquiler, a cinco minutos del centro.
Je vis dans un appartement de location, à 5 minutes du centre. »

« *Vivo en las afueras de la ciudad.*
Je vis en banlieue. »

« *Mi casa es bastante grande, aunque no tengo jardín.*
Ma maison est assez grande, mais je n'ai pas de jardin. »

« *Mi piso es demasiado pequeño y necesita reformas.*
Mon appartement est trop petit et il faudrait faire des travaux. »

« *Vivo en un tercer piso sin ascensor.*
J'habite un troisième étage sans ascenseur. »

« *Mi piso tiene 80 metros cuadrados.*
Mon appartement fait 80 m^2. »

« *Vivo en un piso muy luminoso, todo exterior.*
Je vis dans un appartement très lumineux, sur rue. »

« *Mi casa tiene tres habitaciones, una de ellas de matrimonio.*
Il y a trois chambres chez moi, dont une avec un grand lit. »

« *El salón de mi casa es muy cómodo.*
Le salon de ma maison est très pratique. »

« *La cocina y el cuarto de baño/lavabo de mi casa están recién reformados.*
La cuisine et la salle de bains/le cabinet de toilette de la maison viennent d'être refaits. »

⚠ **En espagnol *un apartamento* est l'équivalent d'un *studio* en français, un appartement se traduisant par le mot *piso*. On peut posséder une résidence secondaire *segunda residencia* qui, selon les régions, sera *una casa de campo, un chalet, una torre une maison de campagne, une maison*.**

On peut parler des animaux de compagnie qui partagent notre vie quotidienne.

« *Tengo una gata siamesa y dos periquitos.*
J'ai une chatte siamoise et deux perroquets. »

« *Mis hijos tienen un hámster.*
Mes enfants ont un hamster. »

« *Tengo una perra de un año que se llama Laika.*
J'ai une chienne d'un an qui s'appelle Laika. »

« *En mi casa, siempre hemos tenido perros porque mi padre es cazador.*
Chez moi, on a toujours eu des chiens car mon père est chasseur. »

REMARQUE

L'espagnol utilise le masculin générique pour désigner les membres de la famille *los padres, los tíos, los abuelos, los hijos, los hermanos, los sobrinos, etc.* alors qu'en français certains se distinguent selon leur genre *les parents, les oncles et tantes, les grands-parents (grand-père, grand-mère), les enfants ou les fils et filles, les frères et sœurs, les neveux et nièces, etc.*

Évaluation des connaissances

I. Choisir la réponse appropriée :

1. ***¿Crees que hoy nevará?***
   (a) *No me lo puedo creer.* (b) *Es posible.* (c) *Hoy nos iremos a esquiar.*
2. ***¿Dónde pasaste tus últimas vacaciones?***
   (a) *En Cuba.* (b) *La verdad es que no estoy seguro.* (c) *Hace seis meses que fui de viaje.*
3. ***¿Cuál de los dos equipos ganará esta vez?***
   (a) *No sé, hace tiempo que no juego.* (b) *No lo sé, están muy igualados.* (c) *No lo sé, no lo he visto.*
4. ***¿Irás a votar este año?***
   (a) *Sí, cada viernes lo hago.* (b) *Creo que el partido liberal no tiene muchas opciones.* (c) *Sí, un voto siempre es importante.*

II. Complétez les phrases suivantes :

1. *Cuando vengas a casa te .... a mi hermano.*
2. *Están en el pabellón .... a baloncesto.*
3. *Estoy muy cansado, necesito unas ....*
4. *Si vas a lavarte las manos, el .... está al fondo del pasillo.*

Réponses :

I. *1b - 2a - 3b - 4c* **II.** *presentaré - jugando - vacaciones - lavabo/cuarto de baño*

Téléphone, e-mails

1. Comment s'exprimer par téléphone portable

De nos jours, le téléphone portable est presque devenu d'usage courant. Outre la communication orale, il offre la possibilité d'envoyer des messages écrits, qu'utilisent beaucoup les jeunes en particulier. En raison du peu d'espace disponible pour le message et du temps que prend leur rédaction, ils ont pratiquement créé un mode d'expression, différent de celui des lettres ou des mails. La nécessité de donner le maximum d'informations dans un minimum d'espace a entraîné des caractéristiques générales : les phrases sont le plus souvent courtes et les verbes sous-entendus, de même que les prépositions et les articles.

casa Juan 20 h
chez Juan 20 h

cine hoy?
ciné aujour ?

En espagnol, afin d'économiser des caractères, on n'utilise plus les accents et on supprime le « h ». Les mots sont également abrégés, selon l'usage grammatical ou de manière arbitraire, par exemple pour les jours de la semaine *lun (lunes) lun (lundi)*, *mar (martes) mar (mardi)*, *mierc (miércoles) mer (mercredi)*, *jue (jueves) jeu (jeudi)*, *vie (viernes) ven (vendredi)*, *sab (sábado) sam (samedi)* et *dom (domingo) dim (dimanche)*.

jue 19:30 h?
jeu 19.30 ?

oy e ido cine
aujour allé ciné

Si les accents disparaissent dans l'écriture abrégée des portables, ils n'en existent pas moins dans l'écriture traditionnelle. L'accent écrit permet de distinguer des mots de forme identique mais dont la fonction grammaticale est différente : *el/él le/il, lui*, *sí/si oui, soi/si*, *sólo/solo seulement/seul*, *tú/tu toi/ton*, etc. L'accent écrit figure aussi sur les démonstratifs employés comme pronoms *éste, ése*, les pronoms interrogatifs et exclamatifs *cuál, qué*, etc. et sur certaines personnes de verbes.

La suppression d'un grand nombre de voyelles et de consonnes est l'une des principales caractéristiques de cette écriture, les consonnes pouvant prendre la valeur de syllabes sans ajout de voyelle : Q (*que* o *cu*), T (*te*), K (*ca*, *cu* o *que*), S (*se*), M (*me*), Z (*ce*), W (*gu*). Ce sont des codes qui varient en fonction des utilisateurs et des destinataires et qui se renouvellent sans cesse. Voici quelques exemples de messages présentant la suppression de voyelles :

kdms dp d l cna ksa (quedamos después de la cena en casa)
rv ap dner mson (rendez-vous après dîner à la maison)

sta noch e qdado c Pedro (esta noche he quedado con Pedro)
cs rv Pedro (ce soir j'ai rendez-vous avec Pedro)

a q ora? (¿a qué hora?)
q heur (à quelle heure ?)

ers l + wapa! (¡eres la más guapa!)
tes la + bl (tu es la plus belle !)

q frte! (¡qué fuerte!)
grt (géant !)

yo tb tq (yo también te quiero)
mo si jtm (moi aussi je t'aime)

On associe également des symboles mathématiques, des chiffres et des lettres. Par exemple x (*por par*) et + (*más plus*) ou – (*menos moins*).

t e envdo 1 msje (te he enviado un mensaje)
envy msg (je t'ai envoyé un message)

tngo 1s btas nvas (tengo unas botas nuevas)
ai nvelles bott (j'ai de nouvelles bottes)

1 bso (un beso)
1 bs (une bise)

S qeres q qdemos + tard yamam. salu2 (si quieres que quedemos más tarde, llámame. Saludos)
s tv rv + tard. appm (si tu veux, rendez-vous plus tard. Appelle-moi. Salut)

La *ll* peut s'abréger en *y*. On utilise surtout des minuscules, même en début de phrase.

Voici quelques exemples d'abréviations fréquentes :

xq (porque)
pq (parce que)

xra/xa (para)
po (pour)

c (con)
avc (avec)

Ces messages utilisent également les pictogrammes combinant signes orthographiques et ponctuation, pour exprimer des émotions concernant les utilisateurs de portable, de messages électroniques, de web, etc. Les plus courants sont les suivants :

:) (estoy contento)
:) (je suis content)

:((estoy triste)
:((je suis triste)

;) (te guiño un ojo)
;) (je te fais un clin d'œil)

2. Laisser un message téléphonique

Un message sur un répondeur de ligne fixe

Dans un contexte familier.

« *¡Hola! Te llamaba para quedar esta tarde, pero ya veo que no estás en casa. Un beso.*
Salut ! Je t'appelais pour qu'on se voie ce soir, mais je vois que tu n'es pas chez toi. Je t'embrasse. »

« *María, soy Eva. Estoy harta de hablar con tu contestador. Venga, llámame.*
Maria, c'est Eva. J'en ai assez de parler au répondeur. Allez, appelle-moi. »

« *Hola Marta. Llamaba para saber si el viernes por la tarde quieres ir al cine. Si estás libre, llámame y quedamos.*
Salut Marta. J'appelais pour savoir si tu veux aller au cinéma vendredi soir. Si tu es libre, appelle-moi pour fixer le rendez-vous. »

« *¡Vaya! ¿Es que nunca estáis en casa? ¡Qué fiesteros! Bueno, ya lo intentaré otro día.*
Allons bon ! Vous n'êtes jamais à la maison, on dirait ? Quels fêtards ! Bon, je rappellerai plus tard. »

¡Vaya! ça alors !/allons bon ! **employé seul traduit la surprise ou l'indignation. La même expression suivie d'un nom introduit une exclamation *¡Vaya historia! Quelle histoire !***

« *Hola, ya veo que no estás o que te has conectado a Internet. Te llamo más tarde.*
Salut, je vois que tu n'es pas là ou que tu es sur Internet. Je te rappelle plus tard. »

Dans un contexte formel.

« *Buenas tardes. Llamo del Banco Atlántico. Necesitaríamos que pasara por nuestras oficinas para verificar unos datos. Muchas gracias.*
Bonjour. J'appelle du Banco Atlántico. Nous aimerions que vous passiez à la succursale pour vérifier certains renseignements. Merci. »

« *Buenos días. Llamo de parte del Sr. Hernández. ¿Le importaría ponerse en contacto con nosotros lo antes posible? El teléfono es el 666 666 666. Gracias.*
Bonjour. J'appelle de la part de M. Hernández. Pourriez-vous nous contacter au plus tôt au 666 666 666. Merci. »

« *Buenas tardes. Soy Sofía Rodríguez de Infor Micro. Su ordenador está reparado. Cuando quiera, puede pasar a recogerlo.*
Bonjour. C'est Sofía Rodríguez d'InforMicro. (Je téléphone pour vous dire que) Votre ordinateur est réparé. Vous pouvez passer le prendre quand vous voulez. »

Laisser un message sur un portable

Les formules utilisées sont les mêmes que sur un répondeur de ligne fixe, en revanche, le temps imparti est moindre.

> « *¡Hola! Estamos en el bar de Pedro. Si oyes el mensaje, pásate por aquí.*
> *Salut ! On est au bar de Pedro. Si tu as ce message, rejoins-nous.* »

> « *Hola Clara. ¿Para qué tienes un móvil si nunca lo conectas? Llámame al móvil.*
> *Salut Clara. À quoi te sert ton portable si tu ne l'allumes jamais ? Appelle-moi sur le portable.* »

> « *Cuando llegues a la discoteca, mándame un mensaje.*
> *Envoie-moi un message quand tu seras arrivé à la discothèque.* »

⚠ **Après *cuando, en cuanto, tan pronto como... quand, dès que, aussitôt que*, on emploie le subjonctif, et non le futur comme en français.**

> « *Miguel. Estoy en la salida de metro más cercana al parque.*
> *Miguel. Je suis à la sortie du métro la plus près du parc.* »

> « *Cariño, me retrasaré. Hay un atasco.*
> *Chéri, je serai en retard. Il y a un embouteillage.* »

3. Formules pour parler au téléphone

Demander quelqu'un au téléphone

Dans un contexte formel, par exemple dans une entreprise ou une institution.

> « *Buenas tardes, soy Francisca Muñoz. ¿Podría hablar con el Sr. Álvarez, por favor?*
> *Bonjour, c'est Francisca Muñoz. Pourrais-je parler à M. Álvarez, s'il vous plaît ?* »

> « *Buenos días, querría hablar con la encargada de la tienda, por favor.*
> *Bonjour, je voudrais parler avec la responsable de la boutique, s'il vous plaît.* »

> « *Buenos días. ¿Sería tan amable de ponerme con la extensión 542, por favor?*
> *Bonjour. Auriez-vous l'amabilité de me passer le poste 542, s'il vous plaît ?* »

> « *Buenas tardes, ¿con el Departamento de Facturación, por favor?*
> *Bonjour. Le service facturation, s'il vous plaît ?* »

Dans un contexte plus familier.

> « *Hola, soy Paco del almacén. ¿Puedo hablar con Rodríguez?*
> *Salut, c'est Paco, de l'entrepôt. Je peux parler à Rodríguez ?* »

> « *Hola, ¿está Miguel?*
> *Salut, Miguel est là ?* »

> « *Carolina, soy Óscar. ¿Me pasas a tu hermana?*
> *Carolina, c'est Oscar. Tu me passes ta sœur ?* »

Formules pour répondre à un appel

> « *Pizza Rica, ¿dígame?*
> *Allo, Pizza Rica.* »

> « *¿Dígame?*
> *Allo ?* »

> « *¡Dígame!*
> *Allo !* »

> « *¿Diga?*
> *Allo ?* »

> « *¿Sí?*
> *Allo oui ?* »

> « *¿Hola?*
> *Allo ?* »

Il y a, évidemment, une infinité de réponses possibles en fonction de la raison pour laquelle on a appelé. En voici cependant quelques-unes :

« *Buenas noches, querría pedir una pizza familiar. ¿Cuánto tiempo tardará?*
Bonsoir, je voudrais commander une pizza géante. Ça prendra combien de temps ? »

« *Buenos días, ¿la Sra. Martínez? Me llamo Marcos Torres, hablamos el martes pasado. ¿Recuerda?*
Bonjour, Mme *Martínez ? Je m'appelle Marco Torres, nous nous sommes parlés mardi dernier, vous vous souvenez ?* »

« *¡Oígame! Buenas tardes, ¿me puede facilitar el teléfono de información de RENFE?*
Allo ! Bonjour, vous pouvez me donner le numéro de téléphone des informations de la SNCF, s'il vous plaît ? »

« *Hola, soy yo. ¿Has escuchado el mensaje que te he dejado en el contestador?*
Salut, c'est moi. Tu as écouté le message que je t'ai laissé sur le répondeur ? »

Garder le contact au téléphone

Il est souvent nécessaire de vérifier que l'interlocuteur est toujours en ligne et suit la conversation. On aura alors recours à différentes formules, certaines toutes faites, d'autres qui dépendront de la situation.

« *¿Me oye?*
Vous m'entendez ? »

« *¿Entiendes?*
Tu comprends ? »

« *Por supuesto, yo no quería dejarla sola. ¿Comprendes?*
Bien entendu, moi, je ne voulais pas la laisser seule. Tu comprends ? »

« *No sé, creo que he hecho lo correcto, ¿no?*
Je ne sais pas. Je crois que j'ai fait ce qui était correct. Non ? »

On répond de la manière suivante aux questions précédentes :

« *Sí, sí, te estoy escuchando.*
Oui, oui, je t'écoute. »

« Claro, claro, tienes razón.
C'est clair, tu as raison. »

« Ya, lo entiendo.
Oui, bien sûr, je comprends. »

« ¡Ajá! Ya veo.
Ah ! Je vois. »

La conversation avec des proches s'achève par les formules types.

« Bueno, tengo que colgar.
Bon, il faut que je raccroche. »

« ¡Huy, qué tarde! Te dejo, todavía tengo que hacer la cena.
Ouh ! Il est tard ! Je te laisse, il faut que je prépare le dîner. »

« Venga, nos llamamos otro día.
Allez, on se rappelle. »

Le deuxième interlocuteur, acceptant que la conversation soit écourtée, peut répondre à son tour :

« Vale, vale, hasta otro día.
D'accord, d'accord, à la prochaine fois. »

« Bueno, adiós.
Bon, au revoir. »

« Sí, sí, hasta mañana.
Oui, oui, à demain. »

Deux frères parlent au téléphone. L'un demande à l'autre d'appeller leur mère.

Sergio: *« ¿Hola?*
Germán: *Oye, ¿está mamá?*
Sergio: *Sí, ¿qué pasa?*
Germán: *Dile que se ponga. Quiero decirle una cosa. »*

Sergio : *« Allo ?*
Germán : *Dis, est-ce que maman est là ?*
Sergio : *Oui, qu'est-ce qui se passe ?*
Germán : *Passe-la moi, j'ai quelque chose à lui dire. »*

4. Les e-mails

Un « oral écrit »

Comme en français, l'utilisation d'Internet a donné lieu à une nouvelle manière de communiquer, à travers les courriels. Bien qu'il s'agisse dans ce cas de messages écrits, le langage qui est utilisé relève de fait d'un langage oral, en raison de l'immédiateté du moyen de communication ; cette rapidité entraînant, par exemple, le fait qu'on se relit peu et que l'on souhaite compenser le manque de présence physique.

He pensado que podríamos ir al cine esta tarde. Respóndeme antes de irte a comer y quedamos.

J'ai pensé qu'on pourrait aller au cinéma ce soir. Réponds-moi avant le déjeuner pour nous donner rendez-vous.

Contéstame lo antes posible. Esta noche volveré a mirar el correo.

Réponds-moi le plus vite possible. Je consulterai mes mails ce soir.

Hola Manolo. No puedo abrir el archivo que me has adjuntado. ¿Me lo puedes volver a enviar?

Salut Manolo. Je n'arrive pas à ouvrir le dossier joint. Tu peux me le renvoyer ?

María, ¿estás conectada?

María, tu es connectée ?

Bueno, ¿es que nadie va a responder a mis mensajes?

Bon, alors personne ne répond à mes messages ?

Formules d'abréviation usuelles

Pour gagner du temps, il est habituel d'utiliser des abréviations dans les e-mails.

Esta tarde no voy a ir a la piscina pq estoy muy cansado.

Cet après-midi je ne vais pas à la piscine pq je suis très fatigué.

Si quieres, tb podemos llamar a Laura.

Si tu veux, on peut aussi appeler Laura.

Me ha dicho q vendrá más tarde.

Il m'a dit qu'il viendrait plus tard.

Évaluation des connaissances

I. Choisir la réponse correcte :

1. ***Te he ... un mensaje al móvil.***
(a) *llamado* (b) *enviado* (c) *telefoneado*

2. ***Tengo que ... porque este mes la factura de teléfono ha subido mucho.***
(a) *colgar* (b) *cerrar* (c) *apagar*

3. ***Buenos días, ¿puedo ... con María Campobello?***
(a) *ver* (b) *ponerme* (c) *hablar*

4. ***Si tiene alguna duda, póngase en ... con nosotros.***
(a) *compañía* (b) *contacto* (c) *respuesta*

II. Compléter les phrases suivantes :

1. *¿Tienes .... automático para dejarte un mensaje?*
2. *No dejes el móvil .... en el cine.*
3. *No te puedo llamar si no sé tu .... de teléfono.*
4. *Buenas tardes, ¿me puede .... con mi marido, por favor?*

Réponses :

I. *1b - 2a - 3c - 4b* **II.** *contestador - conectado - número - poner*

À l'hôtel, au restaurant

1. À l'hôtel

Réserver une chambre d'hôtel

Pour réserver une chambre à l'hôtel, on précise ses besoins et on s'enquiert de différents renseignements.

« *Quisiera reservar una habitación para el próximo fin de semana.*
Je voudrais réserver une chambre pour le week-end prochain. »

« *¿Tienen habitaciones libres?*
Vous avez des chambres ? »

« *¿Le queda alguna habitación con baño?*
Il vous reste une chambre avec salle de bains ? »

« *Hola, hace dos semanas reservé una suite para esta noche.*
Bonjour, il y a deux semaines j'ai réservé une suite pour cette nuit. »

Les questions se rapportent aux caractéristiques de la chambre, au prix ou aux services disponibles.

« *¿Podría decirme el precio (de la habitación) por noche?*
Vous pourriez m'indiquer le prix de la chambre pour une nuit ? »

« *¿Todas las habitaciones tienen cuarto de baño?*
Il y a une salle de bains dans chaque chambre ? »

« *¿La habitación es exterior?*
La chambre donne sur l'extérieur ? »

« *¿A qué fachada da la habitación?*
La chambre donne de quel côté ? »

« *¿A qué hora sirven el desayuno?*
À quelle heure sert-on le petit déjeuner ? »

« *¿Hay servicio de lavandería en el hotel?*
Il y a un service de teinturerie à l'hôtel ? »

« *¿Cuánto cuesta una habitación doble?*
Combien coûte la chambre pour deux personnes ? »

⚠ ***Una habitación doble*** **est une chambre dotée de deux lits, pour obtenir une chambre avec un grand lit pour deux personnes, on demande donc une** ***habitación de matrimonio*****.**

Demander un service à l'hôtel

Pour demander différents services (serviettes de toilette, service des chambres, nettoyage), il faut s'adresser à la réception.

« *¿Podría subir dos toallas limpias a la habitación 354, por favor?*
Pourriez-vous monter deux serviettes propres pour la chambre 354, s'il vous plaît ? »

« *Buenos días. ¿Sería tan amable de traerme una toalla de ducha, cuando pueda?*
Bonjour. Auriez-vous l'amabilité de m'apporter une serviette de bains (quand vous pourrez), s'il vous plaît ? »

« *Buenas tardes, necesito que cambien la toalla de manos de mi baño por una limpia.*
Bonjour, j'ai besoin qu'on change la serviette du lavabo et qu'on m'en apporte une propre, s'il vous plaît. »

On peut également avoir besoin d'autres services.

« *Desearía que subieran un desayuno completo a la habitación 213.*
Je voudrais un petit déjeuner complet pour la chambre 213, s'il vous plaît. »

« *¿Me podrían despertar a las siete de la mañana?*
Pourriez-vous me réveiller à 7 heures du matin, s'il vous plaît ? »

« *Estoy esperando un fax. ¿Podrían avisarme en cuanto llegue?*
J'attends un fax. Pouvez-vous me prévenir lorsqu'il sera arrivé ? Merci. »

« *¿Puedo telefonear al extranjero desde mi habitación?*
Je peux téléphoner à l'étranger de ma chambre ? »

« *¿El botones puede subir las maletas, por favor?*
Le chasseur peut-il monter les bagages, s'il vous plaît ? »

« *Quisiera pedir un taxi para ir al aeropuerto.*
Je voudrais commander un taxi pour aller à l'aéroport. »

Pour demander un service d'entretien.

« *Necesitaría que limpiaran la habitación después de las 12:00.*
J'aurais besoin qu'on fasse la chambre après midi. »

« *Por favor, quisiera que lavaran y plancharan un traje para esta tarde.*
S'il vous plaît, j'aurais besoin de faire nettoyer et repasser un costume pour cet après-midi. »

Présenter une réclamation à l'hôtel

En cas de problème ou de mécontentement, on peut demander des explications ou se plaindre à la réception.

« *¿Puede venir alguien a arreglar la ducha de mi habitación?*
Vous pouvez m'envoyer quelqu'un pour réparer la douche de ma chambre, s'il vous plaît ? »

« *Hace una hora que he pedido la cena y nadie ha venido a traerla. ¿Pueden hacer algo, por favor?*
Ça fait une heure que j'ai demandé le dîner et personne n'est venu l'apporter. Vous pouvez vous en occuper, s'il vous plaît ? »

« *Perdone, el televisor de mi habitación no funciona.*
Excusez-moi, le téléviseur de ma chambre ne fonctionne pas. »

« *Las sábanas de mi cama están sucias. ¿Me las pueden cambiar por favor?*
Les draps de mon lit sont sales. J'aimerais que vous les changiez, s'il vous plaît. »

« *¿Podría cambiarme a una habitación que no dé a la calle?*
Vous pourriez me changer de chambre, je voudrais une chambre qui ne donne pas sur la rue. »

« *¿Oiga? Los huéspedes del piso superior hacen mucho ruido. ¿Pueden avisarlos?*
Allo ? Vous pourriez dire aux occupants de l'étage du dessus de faire moins de bruit, s'il vous plaît ? »

« *Disculpe, me prometieron una habitación con balcón y ésta no tiene.*
Excusez-moi, vous m'aviez promis une chambre avec balcon et il n'y en a pas. »

« *Tengo una queja. No me han despertado a la hora que les pedí.*
Je voudrais me plaindre. Je n'ai pas été réveillé à l'heure convenue. »

« *Han entrado a robar en mi habitación. Exijo una explicación.*
On a pénétré dans ma chambre pour me voler. J'exige des explications. »

Une conversation entre un client et le réceptionniste.

Cliente: « *Buenos días. Si no es molestia, me gustaría cambiar de habitación.*
Conserje: *¿Tiene alguna queja, caballero?*
Cliente: *Es que las personas de al lado alborotan mucho.*
Conserje: *No hay ningún problema. Esta tarde lo cambiaremos de habitación.*
Cliente: *Muchas gracias. ¿Las camisas que envié a la lavandería me las enviarán allí, no?*
Conserje: *Desde luego. Esté tranquilo.* »

Le client : « *Bonjour. Si ça ne (vous) dérange pas, j'aimerais changer de chambre.*
Le réceptionniste : *Vous n'êtes pas satisfait, monsieur ?*
Le client : *Eh bien, mes voisins de chambre font beaucoup de tapage.*

Le réceptionniste :	*Aucun problème. Nous vous changerons de chambre cet après-midi.*
Le client :	*Merci beaucoup. Vous m'y enverrez les chemises que j'ai fait nettoyer, n'est-ce pas ?*
Le réceptionniste :	*Naturellement. Ne vous inquiétez pas.* »

REMARQUE
Il existe en Espagne différents types d'hébergement touristique, de l'auberge de jeunesse *un Albergue de juventud*, la chambre chez l'habitant *una Casa de huéspedes*, la pension *una Pensión, una Fonda*, le petit hôtel sans service de restauration *un Hostal*, l'hôtel, ou l'hôtel de luxe dans un monument historique *un Parador Nacional*, aux gîtes et chambres d'hôtes dans *una Casa rural*.

2. Au restaurant

Réserver ou demander une table

Au restaurant, on demande une table pour un certain nombre de couverts et à une heure précise.

« *Buenos días, me gustaría reservar una mesa para cuatro personas.*
Bonjour, je voudrais réserver une table pour quatre personnes, s'il vous plaît. »

« *¿Sería posible tener mesa para dos a las 14:30?*
Je pourrais avoir une table pour deux, pour 14 heures 30, s'il vous plaît ? »

« *Hola, querría una mesa para esta noche.*
Bonjour, je voudrais une table pour ce soir, s'il vous plaît. »

« *¿Reservan mesas durante el fin de semana?*
Vous prenez des réservations le week-end ? »

« *¿Tienen alguna mesa libre?*
Vous avez une table libre ? »

« *¿Hay sitio para cenar diez personas mañana?*
Il y a de la place pour dix personnes, au dîner demain, s'il vous plaît ? »

« *Mesa para dos.*
Une table pour deux, s'il vous plaît. »

Demander la carte, le menu, le plat du jour, la carte des vins

Au restaurant, on est amené à poser toute une série de questions au serveur, depuis un simple renseignement jusqu'à une nouvelle commande.

« *¿Podría traer una carta, por favor?*
Pourriez-vous m'apporter la carte, s'il vous plaît ? »

« *¿Sería tan amable de traerme la carta de vinos?*
Pourriez-vous m'apporter la carte des vins ? »

« *¿Me puede traer la carta de postres?*
Pourriez-vous m'apporter la carte des desserts, s'il vous plaît ? »

« *¿Cuál es el menú de hoy?*
Quel est le plat du jour ? »

« *¿Qué tienen de primer plato?*
Qu'est-ce qu'il y a en entrée ? »

« *¿Qué tienen de primero?*
Qu'est-ce qu'il y a en entrée ? »

« *¿Hay algún plato de carne asada de segundo?*
Il y a une viande rôtie comme plat principal ? »

« *¿Tiene alguna sugerencia?*
Qu'est-ce que vous me conseillez ? »

« *¿Hacen menú para vegetarianos?*
Vous faites un menu pour végétariens ? »

« *Traiga también un poco de pan, por favor.*
Apportez-moi aussi un peu de pain, s'il vous plaît. »

Faire une réclamation

Selon le type de problèmes, on peut le résoudre de la manière suivante :

« *Disculpe, este tenedor está sucio. ¿Podría traerme otro?*
Excusez-moi, cette fourchette est sale. Vous pourriez m'en apporter une autre ? »

« *Perdone, mi servilleta está manchada. ¿Puede darme una limpia?*
Excusez-moi, cette serviette est tachée. Vous pouvez m'en donner une propre, s'il vous plaît ? »

« *¡Camarero! Ha habido un malentendido. Nosotros no hemos pedido pollo al curry.*
Garçon ! Il y a un malentendu. Nous n'avons pas commandé de poulet au curry. »

« *¡Oiga! ¡Hay una mosca en mi sopa!*
Dites ! Il y a une mouche dans ma soupe ! »

« *Me parece que el pescado está en mal estado.*
J'ai l'impression que le poisson n'est pas frais. »

« *Usted perdone, el yogur está caducado.*
Excusez-moi, la date de consommation du yaourt est périmée. »

« *Lo siento, pero he pedido la carne muy hecha y está cruda.*
Je suis désolé, mais j'ai demandé une viande bien cuite et elle est crue. »

« *Creo que hay un error en la cuenta. ¿Puede comprobarla?*
Je crois qu'il y a une erreur dans l'addition. Vous pouvez vérifier ? »

« *Me temo que nos han cobrado de más.*
J'ai peur qu'on nous ait compté davantage. »

REMARQUE

En Espagne, on sert deux plats au cours d'un repas, un *primer plato/primero* ou *entrée* qui consiste généralement en un plat de légumes verts *verduras*, de salade *ensalada*, de soupe, potage, bouillon *sopa, potage, consomé*, de légumes secs *legumbres* ou de charcuterie *embutidos* et un plat du jour *segundo plato/segundo* plat de viande, poisson ou omelette, garni de légumes verts ou de pommes de terre. On sert ensuite un dessert *postre* ou un fruit.

Évaluation des connaissances

I. Compléter les phrases suivantes :

1. *Quisiera .... una habitación doble.*
2. *¿Pueden .... una botella de vino a la habitación 586?*
3. *¿Podría recomendarme algún vino de la .... ?*

II. Compléter les phrases suivantes à l'aide d'une préposition :

1. ***¿Tienen mesa ... tres personas?***
   (a) *con* (b) *de* (c) *para*
2. ***¿Este hotel tiene servicio ... habitaciones?***
   (a) *con* (b) *de* (c) *en*
3. ***¿Nos podemos sentar ... esa mesa?***
   (a) *sobre* (b) *en* (c) *por*
4. ***¿Me puede sugerir un plato ... segundo?***
   (a) *de* (b) *a* (c) *por*

Réponses :

I. *reservar - subir/traer - carta* **II.** *1c - 2b - 3b - 4a*

S'exprimer face à un problème

1. Chez le médecin

Au dispensaire, au centre médical ou à l'hôpital, on demande un rendez-vous ou des renseignements sur les consultations.

« *Quisiera pedir hora para la Dra. García.*
Je voudrais un rendez-vous avec le docteur García. »

« *Quiero pedir hora para el ginecólogo.*
Je voudrais un rendez-vous avec le gynécologue. »

« *¿Qué horario de visita tiene el pediatra?*
Quels sont les horaires de consultation du pédiatre ? »

« *¿A qué hora tiene consulta la Dra. Pérez?*
Quel est l'horaire de consultation du docteur Pérez ? »

« *Ayúdeme por favor, traigo a una mujer herida.*
Aidez-moi, s'il vous plaît, je vous amène une blessée. »

« *¿Por dónde se entra a Urgencias?*
Où est l'entrée des urgences ? »

« *¿Ésta es una clínica pública o privada?*
C'est une clinique publique ou privée ? »

« *¿A qué hospital debo dirigirme?*
À quel hôpital dois-je aller ? »

« *¿Me puede indicar cuál es el pabellón de Maternidad, por favor?*
Vous pouvez m'indiquer la maternité, s'il vous plaît ? »

« *¿Dónde está la sala de espera?*
Où est la salle d'attente ? »

Lors de la consultation, on donne au médecin des explications sur son malaise ou ses symptômes.

« *Ayer me caí por las escaleras y hoy me duele la espalda.*
Hier je suis tombée dans l'escalier et aujourd'hui j'ai mal au dos. »

« *Cuando levanto la pierna, siento un dolor muy fuerte.*
Quand je lève la jambe, je sens une forte douleur. »

« *Me he dado un golpe (muy fuerte) en la rodilla.*
Je me suis cogné (très fort) le genou. »

« *Creo que me he roto un dedo.*
Je crois que je me suis cassé un doigt. »

« *No puedo mover bien la mano.*
Je n'arrive pas bien à remuer la main. »

« *He vomitado y tengo fiebre.*
J'ai vomi et j'ai de la fièvre. »

« *Tengo un terrible dolor de cabeza.*
J'ai terriblement mal à la tête. »

« *Creo que he roto aguas.*
Je crois que j'ai rompu la poche des eaux. »

« *Últimamente estoy muy nervioso y tengo taquicardia.*
Dernièrement, je suis très nerveux et j'ai de la tachycardie. »

⚠ **Les auxiliaires *ser* et *estar* se traduisent par le verbe *être* mais leur emploi est nettement différencié. Ainsi, pour exprimer un état ou une situation occasionnelle (lieu, temps, attitude), on emploi l'auxiliaire *estar* : *Estoy cansada/estaba tranquilamente en su casa cuando de repente se desmayó/Je suis fatiguée/il était tranquillement chez lui quand il s'est brusquement évanoui.***

« *Llevo tres días sin dormir.*
Ça fait trois jours que je ne dors pas. »

« *Enfermera, me duele este dedo.*
Mademoiselle, j'ai mal à ce doigt. »

« *Doctor, me duele aquí.*
Docteur, j'ai mal là. »

On peut aussi demander davantage de renseignements.

« *¿Debo tomar pastillas durante mucho tiempo?*
Je dois prendre des cachets pendant longtemps ? »

« *¿No podría recetarme otra cosa? Soy alérgico al paracetamol.*
Vous ne pourriez pas me prescrire autre chose ? Je suis allergique au paracétamol. »

⚠ **Dans ce cas, l'emploi de l'auxiliaire *ser* indique une caractéristique propre à la nature du patient.**

« *¿Cuántas veces al día tengo que tomarlo?*
Je dois en prendre combien de fois par jour ? »

« *¿Cree que tendré que operarme?*
Vous croyez qu'il faudra opérer ? »

« *¿Tendré que pasar por el quirófano?*
Il faudra que je passe par la salle d'opération ? »

« *¿Necesita las radiografías que me hicieron el mes pasado?*
Vous avez besoin des radios qu'on m'a faites le mois dernier ? »

« *¿Tengo que vacunarme?*
Il faut que je me vaccine ? »

« *¿Es muy grave, doctor?*
C'est grave, docteur ? »

« *¿Puede empastar el diente?*
Vous pouvez me faire un plombage ? »

« *¿Me va a doler?*
Ça va me faire mal ? »

« *¿Hay que extraer la muela?*
Il faut extraire la molaire ? »

⚠ **Pour exprimer l'obligation, l'espagnol emploie l'expression verbale *tener que* ou le verbe *deber*. *Hace falta, es necesario, es preciso (que), hay que* introduisent la notion de nécessité.**

Conversation entre un médecin et un patient.

Paciente: « *Buenos días, doctor. Desde hace unos días siento un pinchazo muy fuerte.*

Dr. Gutiérrez: *¿Dónde le duele?*

Paciente: *Aquí, en el costado derecho.»*

Le patient : *« Bonjour docteur. Depuis quelques jours, ça me lance très fort.*
Dr. Gutiérrez : *Où avez-vous mal ?*
Le patient : *Ici, du côté droit. »*

On peut avoir besoin d'une ordonnance, d'un arrêt maladie ou d'un certificat médical.

« ¿Sería tan amable de recetarme algún medicamento para el dolor de muelas?
Pourriez-vous me prescrire un médicament contre le mal de dent, s'il vous plaît ? »

« ¿Podría darme la baja médica para el trabajo?
Pourriez-vous me faire un arrêt maladie, s'il vous plaît ? »

« ¿Me puede dar la baja?
Vous pouvez me faire un arrêt maladie ? »

« Necesito un certificado médico.
J'ai besoin d'un certificat médical. »

REMARQUE

En Espagne, la Sécurité Sociale prend théoriquement en charge tout citoyen, qu'il cotise ou non au régime général, dans ses centres de santé. Muni de sa carte de santé, un patient voulant obtenir une consultation se déplace jusqu'au dispensaire *Centro de Assistencia Primaria CAP* de son quartier pour être reçu durant les horaires de visite du médecin de famille qui lui est administrativement assigné. En cas de nécessité, le généraliste l'oriente ensuite vers les laboratoires, spécialistes et établissements spécialisés, hôpitaux ou centres de santé. Ce système de prise en charge se caractérisant par sa lenteur, les usagers choisissent fréquemment de souscrire en parallèle à une mutuelle de soins privée, la médecine privée étant par ailleurs très onéreuse. Le médecin de famille ne se déplace à domicile qu'en cas de force majeure et c'est lui qui doit délivrer les certificats justifiant du début et de la fin d'un arrêt maladie ainsi que les ordonnances pour le remboursement des médicaments.

2. À la pharmacie

On s'adresse généralement au pharmacien pour qu'il nous recommande un médicament ou pour connaître les propriétés d'un produit.

> « *¿Podría recomendarme algún producto para perder peso?*
> *Vous pourriez me conseiller un produit pour perdre du poids ?* »

> « *¿Qué puedo tomar para calmar el ardor de estómago?*
> *Qu'est-ce que je peux prendre contre les brûlures d'estomac ?* »

> « *¿Tiene algo para aliviar el dolor de muelas?*
> *Vous avez quelque chose contre les maux de dents ?* »

> « *Hola, querría dos frascos de jarabe para la tos.*
> *Bonjour, je voudrais deux flacons de sirop pour la toux, s'il vous plaît.* »

> « *¿Se necesita receta médica para estos calmantes?*
> *Il faut une ordonnance pour ces calmants ?* »

> « *¿Esta pomada rebajará la inflamación?*
> *Cette pommade atténuera l'inflammation ?* »

> « *¿Este medicamento se disuelve en agua?*
> *Ce médicament se dissout dans l'eau ?* »

> « *Deme una botella de alcohol.*
> *Donnez-moi un flacon d'alcool, s'il vous plaît.* »

> « *¿Cuánto cuesta un test de embarazo?*
> *Quel est le prix d'un test de grossesse ?* »

> « *Una caja de preservativos, por favor.*
> *Une boîte de préservatifs, s'il vous plaît.* »

Conversation entre un pharmacien et un client.

Farmacéutico:	« *¿Qué desea?*
Carmen:	*Tengo los ojos irritados. ¿Tiene algunas gotas que puedan irme bien?*
Farmacéutico:	*Sí, pero debería ir al oculista.*
Carmen:	*¿Y no puede darme algo ahora?*
Farmacéutico:	*Estas gotas le aliviarán momentáneamente.*

Carmen: *Muchas gracias. Iré al médico lo antes posible.»*

Le pharmacien : « *Vous désirez ?*
Carmen : *J'ai les yeux irrités. Vous auriez des gouttes pour me soulager ?*
Le pharmacien : *Oui, mais vous devriez consulter un ophtalmologue.*
Carmen : *Vous ne pouvez pas me donner quelque chose en attendant ?*
Le pharmacien : *Ces gouttes vous soulageront momentanément.*
Carmen : *Merci beaucoup. J'irai chez le médecin le plus vite possible.* »

3. Au commissariat

Porter plainte

Lorsque l'on a été victime d'un délit, on s'adresse à la police pour porter plainte.

« *Buenas tardes. Quisiera poner una denuncia.*
Bonjour. Je voudrais porter plainte. »

« *Buenos días, agente. Quiero denunciar un robo.*
Bonjour, monsieur l'agent. Je voudrais porter plainte pour vol. »

« *Buenos días. ¿Con quién debo hablar para denunciar una agresión?*
Bonjour. À qui dois-je m'adresser pour porter plainte pour une agression. »

« *Me acaban de robar el bolso. ¿Qué debo hacer?*
On vient de me voler mon sac. Qu'est-ce que je dois faire ? »

« *Hola. Vengo a poner una denuncia.*
Bonjour. Je viens porter plainte. »

Faire une déclaration

Une déclaration implique toute une série de précisions pour faciliter le travail de la police.

« *Buenas tardes. He venido a la comisaría para declararme culpable.*
Bonjour. Je suis venu au commissariat pour me déclarer coupable. »

« *Vengo a prestar declaración porque he visto el accidente.*
Je viens faire une déclaration car j'ai vu l'accident. »

« *Declaro que vi al Sr. González en el lugar de los hechos.*
Je déclare que j'ai vu M. González sur le lieu des faits. »

Évaluation des connaissances

I. Choisir la réponse correcte :

1. ***¿Puede darme hora para el oftalmólogo?***
(a) *No, no tengo tiempo.* (b) *Sí, me duele mucho aquí.* (c) *¿Le va bien el día 29 a las 12:45?*

2. ***¿Cómo se encuentra después de la operación?***
(a) *Creo que tengo alergia.* (b) *Bien, pero todavía me duele un poco.* (c) *Seguro que mal.*

3. ***¿Es usted alérgico a la penicilina?***
(a) *No lo sé, nunca la he tomado.* (b) *Sólo cuando me duele.* (c) *Sí, muchas gracias.*

II. Complétez les phrases suivantes :

1. *Me acaban de .... la cartera en la calle.*
2. *Me .... la rodilla izquierda.*
3. *Necesito estas pastillas que me ha .... el doctor.*
4. *Cuando me atracaron, fui a la comisaría a poner una ....*

Réponses :

I. *1c - 2b - 3a* **II.** *robar - duele - recetado - denuncia*

Utiliser les moyens de transport

1. Demander un taxi, donner son adresse au chauffeur, etc.

On peut appeler un taxi par téléphone en lui donnant les indications nécessaires pour sa course.

> « *Quisiera un taxi para dentro de media hora.*
> *Je voudrais un taxi dans une demi-heure.* »

> « *Buenas noches, me gustaría pedir un taxi.*
> *Bonsoir, je voudrais un taxi, s'il vous plaît.* »

> « *¿Puede venir un taxi a buscarme al aeropuerto?*
> *Un taxi peut-il venir me chercher à l'aéroport ?* »

> « *Necesito que un taxi venga a recogerme a la estación de autobuses.*
> *J'ai besoin d'un taxi pour venir me chercher à la gare routière.* »

Pour héler un taxi dans la rue, comme en France, on lui fait signe en l'appelant :

> « *¡Taxi!*
> *Taxi !* »

À une station de taxis, on posera au chauffeur les questions d'usage.

> « *¿Este taxi está libre?*
> *Ce taxi est libre ?* »

> « *Este taxi no está ocupado, ¿verdad?*
> *Ce taxi (n'est pas occupé) est libre, n'est-ce pas ?* »

> « *¿A cuántos pasajeros puede llevar?*
> *Vous pouvez prendre combien de passagers ?* »

Il faut ensuite indiquer au chauffeur de taxi l'adresse où l'on se rend.

« *¿Podría llevarme a la calle Libertad n.º 35?*
Vous pourriez me conduire rue Libertad nº 35, s'il vous plaît ? »

« *¿Me puede llevar a esta dirección?*
Vous pouvez me conduire à cette adresse, s'il vous plaît ? »

En espagnol, les adjectifs et pronoms démonstratifs comportent une indication de proximité dans le temps ou l'espace. *Este, esta, esto, estos, estas* désignent un moment ou un espace proche, *ese, esa, eso, esos, esas* désignent une situation intermédiaire et *aquel, aquella, aquellos, aquellas*, ce qui est éloigné. *Ese* pouvant revêtir une certaine valeur péjorative.

« *Voy a la Plaza Mayor.*
Je vais à la Grand Place. »

« *A la calle Hermosilla, esquina con Goya.*
Rue Hermosilla, à l'angle de la rue Goya, s'il vous plaît. »

« *A Bailén-Aragón, por favor.*
À l'angle des rues Bailén et Aragón, s'il vous plaît. »

« *Al aeropuerto.*
À l'aéroport, s'il vous plaît. »

Selon les circonstances, certaines phrases peuvent s'avérer utiles :

« *¿Le importaría guardar mi maleta en el portaequipajes?*
Vous pourriez mettre ma valise sur la galerie/dans le coffre, s'il vous plaît ? »

« *¿Cuánto me puede costar el trayecto al campo de fútbol?*
Combien coûterait une course jusqu'au stade de football ? »

« *¿Le molesta si uso el teléfono móvil?*
Ça vous dérange si j'utilise mon portable ? »

« *¿La tarifa nocturna es más cara que la diurna?*
Le tarif de nuit est plus cher que le tarif de jour ? »

« *¿Cobran algún suplemento por el equipaje?*
Vous prenez un supplément pour les bagages ? »

Quand le taxi arrive à l'adresse indiquée, il peut être nécessaire de lui préciser l'endroit où l'on souhaite être déposé.

« *¿Podría dejarme en esa esquina?*
Vous pourriez me laisser au coin (de la rue), s'il vous plaît ? »

« *¿Puede parar delante de esa farmacia?*
Vous pouvez vous arrêter devant cette pharmacie, s'il vous plaît ? »

« *¿Le importa que me baje ahora?*
Ça vous ennuie que je descende maintenant ? »

« *Pare aquí, por favor.*
Arrêtez-vous ici, s'il vous plaît. »

« *Déjeme ahí mismo.*
Laissez-moi là, s'il vous plaît. »

Comme en français, plusieurs adverbes de lieu indiquent la situation en fonction de la proximité ou de l'éloignement. *Aquí* s'emploie pour *ici*, *allí* pour *là, là-bas* et *ahí* fait référence à une distance intermédiaire entre les deux. *Acá, allá* s'emploie plutôt pour indiquer un déplacement *par ici, par là*.

On peut demander un reçu pour la course effectuée.

« *¿Podría hacer un recibo de la carrera?*
Vous pouvez me faire un reçu pour la course, s'il vous plaît ? »

« *Necesito un recibo para presentarlo en mi trabajo.*
J'ai besoin d'un reçu pour ma note de frais. »

Conversation entre un chauffeur de taxi et un client.

Taxista:	« *Buenos días, ¿adónde vamos?*
Ana:	*Lléveme a la Universidad, lo más rápido posible, por favor.*
Taxista:	*¿Qué ruta quiere que siga?*
Ana:	*No vaya por el centro, a esta hora hay mucho tráfico.*
Taxista:	*No se preocupe, conozco un camino más rápido.*

Ana: *De acuerdo, muchísimas gracias.»*

Le chauffeur de taxi : « *Bonjour, où allons-nous ?*
Ana : *Conduisez-moi à l'Université, le plus vite possible, s'il vous plaît.*
Le chauffeur de taxi : *Quel itinéraire voulez-vous que je prenne ?*
Ana : *Ne passez pas par le centre, à cette heure-ci il y a beaucoup de circulation.*
Le chauffeur de taxi : *Ne vous en faites pas, je connais un chemin plus rapide.*
Ana : *D'accord, merci beaucoup.* »

2. Utiliser les transports en commun

« *¿Cuánto cuesta un billete sencillo?*
Combien vaut un billet/aller simple ? »

« *Quiero un billete de ida y vuelta para Barcelona.*
Je veux un billet aller-retour pour Barcelone, s'il vous plaît. »

« *Un billete, por favor.*
Un billet, s'il vous plaît. »

« *(Para) Alcalá de Henares.*
(Pour) Alcalá de Henares. »

Il existe plusieurs modalités de titre de transport.

« *¿Cuál es el precio de la tarjeta mensual?*
Quel est le tarif d'un coupon mensuel, s'il vous plaît ? »

« *Deme una tarjeta de diez viajes.*
Donnez-moi un carnet de dix tickets/une carte de dix allers-retours, s'il vous plaît. »

« *¿Existe alguna tarjeta semanal?*
Il y a un coupon hebdomadaire ? »

« *Un abono mensual, por favor.*
Un abonnement mensuel, s'il vous plaît. »

Dans les transports en commun, on peut avoir besoin de demander des précisions sur l'itinéraire emprunté.

« *¿Disculpe, ¿este autobús va al barrio Oeste?*
Excusez-moi, ce bus va dans le quartier ouest ? »

« *¿Podría indicarme qué línea de metro va al centro (de la ciudad)?*
Vous pourriez m'indiquer la ligne de métro qui passe par le centre (de la ville), s'il vous plaît ? »

« *Disculpe. Me dirijo a la plaza Cataluña. ¿Dónde debo apearme?*
Excusez-moi, je vais à la place Cataluña, vous pourriez me dire où je dois descendre, s'il vous plaît ? »

« *¿Este billete sirve para todo el día?*
Ce ticket est valable toute la journée ? »

« *¿Tengo que volver a pagar si cambio de autobús?*
Je dois repayer, si je change d'autobus ? »

« *¿Tienen una tarifa especial para jubilados?*
Vous avez un tarif spécial pour les retraités ? »

« *¿Los niños deben pagar?*
Les enfants doivent payer ? »

REMARQUE

On achète habituellement les titres de transport métropolitain *una tarjeta, un billete* à la station de métro, au bureau de tabac *el estanco*, au guichet de certaines banques, au kiosque à journaux et, au détail, dans l'autobus. Il est de plus en plus courant de composter *validar* son billet.

Évaluation des connaissances

I. Choisir la réponse correcte :

1. ***¿Cuánto cuestan dos billetes de metro?***
(a) *Sólo me queda uno.* (b) *2,10 euros* (c) *Tienen que bajar en la parada siguiente.*

2. ***¿Es fácil coger un taxi por la noche?***
(a) *A ver si tienes suerte.* (b) *De noche son más caros.* (c) *Es difícil porque no hay muchos.*

3. ***¿Cómo se llega antes a esta calle?***
(a) *Acabo de llegar a la ciudad.* (b) *El autobús es la mejor opción.* (c) *El autobús llega con retraso.*

II. Remettez dans l'ordre le dialogue suivant :

1. *¿Y cuántos viajes puedo hacer?*
2. *Todos los que quiera.*
3. *Hay diferentes tipos. ¿Cuánto tiempo va a estar aquí?*
4. *¿Tienen tarjetas multiviajes para turistas?*
5. *La tarjeta verde sirve para viajar siete días consecutivos.*
6. *Estaré una semana. ¿Existen abonos semanales?*

Réponses :

I. *1b - 2c - 3b* **II.** *4 - 3 - 6 - 5 - 1 - 2*

L'article

1. Déterminé–indéterminé

Comme en français, l'espagnol a deux formes, l'article déterminé et l'article indéterminé.

Forme normale	singulier	pluriel
article défini		
masculin	*el señor*	*los señores*
féminin	*la mujer*	*las mujeres*
article indéfini		
masculin	*un chico*	*unos chicos**
féminin	*una chica*	*unas chicas**

* Le pluriel indéfini utilisant *des* en français est en général sans article en espagnol ; *unos* et *unas* correspondant davantage à un quantitatif indéfini tel que *quelques* ou *plusieurs*.

Cas particuliers

On emploie l'article *el* au lieu de *la* devant un substantif féminin commençant par *a* ou par *ha* : *el agua* ou *el haya* (alors que *agua –l'eau–* et *haya –le hêtre–* sont tous les deux féminins en espagnol). Toutefois, l'article *la* est maintenu devant un *a* atone (*la animación –l'animation*) ou devant un adjectif (*la alta cumbre –le haut sommet*).

De même, devant un substantif féminin commençant par *a* ou par *ha* accentué, le *–a* final de l'article *una* n'est pas prononcé et l'écriture peut le conserver ou l'omettre : *una alma* ou *un alma –une âme–*.

Enfin, devant un nom de pays, de région ou de continent, on omet l'article en espagnol, sauf lorsqu'il est déterminé par un adjectif, par une proposition relative ou par un complément : *España es un Estado de la Unión Europea –l'Espagne est un État de l'Union européenne–* ; mais *la Italia del Norte –l'Italie du nord–*.

L'article neutre *lo*

L'article neutre espagnol *lo* est utilisé pour substantiver les adjectifs, les participes ou les propositions adjectivales : *todo lo contrario –tout le contraire–* ; *lo mejor que puedes hacer es callar –ce que tu as de mieux à faire, c'est te taire–*.

Contraction de l'article

L'article singulier *el* derrière les prépositions *a* et *de* se contracte : *al caballo –au cheval–* ; *del caballo –du cheval–*.

Attention

L'expression du partitif français (*du, de la*) n'est pas rendue en espagnol, et l'on n'utilisera aucun article : *compré pan –j'ai acheté du pain–* ; *bebemos agua –nous buvons de l'eau–*.

Le nom

Comme en français, il y a en espagnol des noms masculins et des noms féminins ; il n'y a pas de neutre.

1. Le genre

En ce qui concerne les noms d'hommes ou d'animaux, le genre dépend du sexe ; pour les autres catégories, c'est une affaire de convention et de tradition. Toutefois, du fait de l'origine commune du vocabulaire, le genre des noms est très souvent le même, mais pas toujours, et vous trouverez ci-dessous une liste (non exhaustive) de noms usuels dont le genre change.

un par	*une paire*
un diente	*une dent*
el origen	*l'origine*
el fin	*la fin*
un reloj	*une montre*
un ataque	*une attaque*
un minuto	*une minute*
un anuncio	*une annonce*
la sal	*le sel*
la leche	*le lait*
la sangre	*le sang*

La terminaison est souvent un indice du genre.

Noms masculins

Les noms terminés par *–o* ou par *–or* sont le plus souvent masculins (exceptions : *la mano –la main–* ; *la labor –le travail–*, etc.).

Noms féminins

Les noms féminins sont souvent terminés par *–a* : *la mesa –la table–*, mais ce n'est pas une règle absolue, et il y a des exceptions :

1. les noms d'origine grecque : *un problema –un problème–* ; *un diploma –un diplôme–* ; etc.
2. les noms terminés par *–ista* : *un taxista –un chauffeur de taxi–* ; *un artista –un artiste–* ; *un economista –un économiste–* ; etc.
3. un certain nombre d'autres noms : *un día –un jour–* ; *un poeta –un poète–* ; etc.

Enfin, il existe des mots dont le sens change en fonction du genre : *la frente –le front (d'une personne)–*, *el frente –le front (dans une bataille)–* ; *una guía –un guide (l'ouvrage)–*, *un guía –un(e) guide (la personne, homme ou femme)–* ; *la orden –l'ordre (d'un chef)–*, *el orden –l'ordre (public)–* ; etc.

2. La formation des noms féminins

Pour certaines catégories de nom, il existe un masculin et un féminin (métiers, fonctions, animaux, etc.). La règle générale consiste alors à transformer le *–o* final en *–a* ou à ajouter un *–a* à la fin du mot : *el panadero –le boulanger–*, *la panadera* ; *el trabajador –le travailleur–* *la trabajadora* ; *el perro –le chien–* *la perra* ; *el gato –le chat–* *la gata* ; etc.

3. La formation du pluriel

La règle générale consiste à ajouter un *–s* lorsque le mot se termine par une voyelle, ou un *–es* à la fin du mot se terminant par une consonne : *una casa –une maison–* *casas* ; *un avión –un avion–* *aviones* ; etc.

Il y a cependant des exceptions :

1. les mots se terminant par un *–í* accentué : *un jabalí –un sanglier–* *jabalíes* ;
2. les mots se terminant par un *–z* ont un pluriel en *–ces* : *un pez –un poisson–* *peces* ;
3. certains mots demeurent invariables : *la crisis –la crise–* *las crisis* ; *el martes –le mardi–* *los martes* ; *el paréntesis –la parenthèse–* *los paréntesis* ; etc.

L'adjectif

1. L'accord en nombre avec le nom

Les règles d'accord en nombre de l'adjectif avec le nom sont dans la plupart des cas les mêmes qu'en français.

2. Le genre (flexion du féminin)

L'adjectif masculin se terminant en *-o* prend en général un *-a* au féminin : *bueno -bon- buena* ; *caro -cher- cara* ; *sano -sain- sana* ; etc.

Toutefois, certains adjectifs, se terminant par une autre lettre que *-o*, *-a*, conservent la même forme : *un señor inteligente -un homme intelligent- una señora inteligente* ; *un coche azul -une voiture bleue- una camioneta azul* ; etc.

Les adjectifs de nationalité représentent une exception : *un libro francés -un livre français- una revista francesa*.

Les adjectifs se terminant par *-dor, -tor, -sor, -ón, -án, -ín, -ote* et *-ete* prennent un *-a* au féminin : *un hombre soñador -un homme rêveur- una mujer soñadora*.

⚠ Attention !

Comme on peut le voir dans l'exemple ci-dessus *una revista francesa*, les adjectifs se terminant au masculin en *-és, -án, -ín* et *-ón* perdent l'accent graphique au féminin.

⚠ Attention !

On appelle apocope la chute de la voyelle ou de la syllabe finale de certains adjectifs lorsqu'ils sont placés devant un nom masculin singulier. Ainsi, *bueno* et *malo*, de même que *primero* et *tercero*, perdent leur *-o* final : *un buen ejemplo* ; *el primer día* ; etc. De la même manière, l'adjectif *grande* devient *gran*, et *santo* donne *san*.

L'adverbe

1. La formation en *–mente*

L'adverbe espagnol peut être formé par l'ajout du suffixe *–mente* à l'adjectif féminin : *lenta* –lente– *lentamente*. Lorsque l'adjectif porte un accent écrit, l'adverbe le conserve : *fácil* –facile– *fácilmente*.

2. Omission de *–mente*

Lorsque deux ou plusieurs adverbes se suivent, il est possible (sans que ce soit une obligation) d'omettre la terminaison *–mente* des adverbes à l'exception du dernier, les autres se présentant comme des adjectifs au féminin singulier : *lenta y fácilmente*.

Le pronom

1. Le pronom personnel

sujet	complément sans préposition COD	COI	complément avec prép.	complément avec la prép. *con*
yo	*me*	*me*	*mí*	*conmigo*
tú	*te*	*te*	*ti*	*contigo*
él	*lo, le**	*le*	*él*	*con él*
ella	*la*	*le*	*ella*	*con ella*
usted	*le, la*	*le*	*usted*	*con usted*
nosotros, as	*nos*	*nos*	*nosotros, as*	*con nosotros, as*
vosotros, as	*os*	*os*	*vosotros, as*	*con vosotros, as*
ellos	*los*	*les*	*ellos*	*con ellos*
ellas	*las*	*les*	*ellas*	*con ellas*
ustedes	*les, las*	*les*	*ustedes*	*con ustedes*
	se	*se*	*sí*	*consigo*

* La forme correcte de ce complément est *lo* ; toutefois, l'usage consiste à réserver *lo* pour les choses et à utiliser *le* lorsqu'il s'agit de personnes.

La place du pronom

Le pronom personnel complément utilisé sans préposition se place avant le verbe : *no te veo* –je ne te vois pas–.

Le pronom complément indirect est toujours placé le premier : *no me lo digas –ne me le dis pas–*.

Lorsque deux pronoms de la 3ème personne se suivent, le premier prend la forme du réfléchi : *se lo dije ayer –je le lui ai dit hier–*.

Attention !

Dans ce dernier exemple, le pronom *se* correspond au COI (qui prend la forme du réfléchi) et *lo* au COD (qui est la forme normale du complément) ; ne pas confondre avec la remarque ci-dessus quant à l'usage de *lo* et de *le*, pour les choses et les personnes respectivement.

2. Le pronom interrogatif–exclamatif

Les pronoms *qué* et *quién* (pl. *quiénes*) sont accentués à l'écrit et peuvent être interrogatifs et exclamatifs ; *quién* est toujours utilisé pour des personnes : *¡qué dices! –qu'est-ce que tu racontes !–* ; *¿quiénes són estos dos chicos? –qui sont ces deux garçons ?–*.

3. Le pronom relatif

Le pronom *que*

Le pronom *que*, invariable, correspond indistinctement au *qui* (sujet) et au *que* (complément) français ; *el hombre que llega –l'homme qui vient–* ; *la casa que ves –la maison que tu vois–*.

Le pronom *quien* (pl. *quienes*)

Le pronom *quien* est toujours utilisé pour les personnes et, comme complément, il est toujours précédé d'une préposition ; *el hombre a quien hablo –l'homme à qui je parle–*. Sans antécédent, il peut signifier *celui qui, celle qui*.

Le pronom *cuyo, cuya* (pl. *cuyos, cuyas*)

Les pronoms *cuyo, cuya* correspondent à *dont, duquel, de laquelle* et *cuyos, cuyas*, à *dont, desquels, desquelles*. Ces pronoms s'accordent toujours avec l'élément qui les suit : *el coche cuyas puertas están abiertas –la voiture dont les portes sont ouvertes–*.

Les démonstratifs

1. Adjectifs et pronoms démonstratifs

Les adjectifs et les pronoms démonstratifs se présentent sous la même forme, mais ces derniers peuvent porter (surtout en cas d'ambiguïté, plutôt rare) un accent écrit sur la voyelle tonique, à l'exception du neutre.

degré d'éloignement (adv. de lieu)	masc. (ce)	fém. (cette)	pluriel (ces)	pronom neutre (ceci, cela, ça)
aquí (ici)	*este*	*esta*	*estos, estas*	*esto*
ahí (là)	*ese*	*esa*	*esos, esas*	*eso*
allí, allá (là-bas)	*aquel*	*aquella*	*aquellos, aquellas*	*aquello*

Les trois démonstratifs ci-dessus correspondent au degré d'éloignement (dans l'espace ou dans le temps) par rapport au locuteur : *esta tarde, aquella tarde –ce soir (d'aujourd'hui / de ce jour-là)–.*

Les indéfinis (adjectifs et pronoms)

Alguno, a : algún día, algunas de vosotras –un/quelque jour, quelques-unes d'entre vous–.*

Ninguno, a : ningún hombre –aucun homme–.*

Ni uno, a : ni una (sola) oportunidad –pas une (seule) chance–.

Unos, as : unas vacaciones –des vacances–.

Unos, as cuantos, as : unas cuantas hojas –quelques feuilles–.

Cierto, a : cierto personaje –un certain personnage–.

Varios, as : varias personas –plusieurs personnes–.

Diversos, as : diversos autores –divers auteurs–.

Diferentes : en diferentes lugares y ocasiones –en divers lieux et différentes occasions–.

*Cualquiera : un hombre cualquiera, cualquier*** *mujer –un homme quelconque, n'importe quelle femme–.*

Cualesquiera : cualesquiera que sean –quels qu'ils/quelles qu'elles soient–.

Attention !

* *Alguno, ninguno* et *uno* s'apocopent devant un nom masculin.

** Ne pas confondre *cualquier*, employé devant le nom avec le sens de *n'importe quel/quelle* et *cualquiera*, voulant dire quelconque, dans le sens de médiocre.

1. Les pronoms

Algo : ¿sabes algo? –est-ce que tu sais quelque chose ?–.

Nada : no queda nada –il ne reste rien–.

Alguien : ¿has visto alguien? –tu as vu quelqu'un ?–.

Nadie : no he encontrado a nadie –je n'ai rencontré personne–.

Quienquiera : quienquiera que te vea, pensará... –quiconque te verrait, pensera...–.

Los demás : los demás (chicos) –les autres (garçons)–.*

* Cet élément, pronom ou adjectif, est invariable.

2. *Mismo, otro, propio*

Mismo, a marque l'identité entre deux ou plusieurs éléments comparés : *el mismo libro –le même livre–.*

Mais il sert aussi à souligner l'identité d'un élément : *su mismo marido... –son mari lui-même...–.*

Otro, a s'oppose à *mismo, a* et indique l'absence d'identité : *no esta, la otra –pas celle-ci, l'autre–.*

Propio, a sert à marquer la possession ou l'attribution : *su propio hijo –son propre fils–.*

Les possessifs

adjectifs	
formes atones	**formes accentuées**
mi, s (mon, ma, mes)	*mío, a, os, as* (à moi)
tu, s (ton, ta, tes)	*tuyo, a, os, as* (à toi)
su, s (son, sa, ses, votre [de politesse])	*suyo, a, os, as* (à lui, elle, vous [de politesse])
nuestro, a, os, as (notre, nos)	*nuestro, a, os, as* (à nous)
vuestro, a, os, as (votre, vos)	*vuestro, a, os, as* (à vous)
su, s (leur, leurs)	*suyo, a, os, as* (à eux, elles)

pronoms

el mío, la mía, los míos, las mías
(le mien, la mienne, les miens, les miennes)
el tuyo, la tuya, los tuyos, las tuyas
(le tien, la tienne, les tiens, les tiennes)
el suyo, la suya, los suyos, las suyas
(le sien, la sienne, les siens, les siennes)
(le vôtre, la vôtre, les vôtres [de politesse])
el nuestro, la nuestra, los nuestros, las nuestras
(le nôtre, la nôtre, les nôtres)
el vuestro, la vuestra, los vuestros, las vuestras
(le vôtre, la vôtre, les vôtres)
el suyo, la suya, los suyos, las suyas
(le leur, la leur, les leurs)

Attention !

Le possessif est moins employé en espagnol qu'en français ; il est souvent remplacé par l'article et la forme réfléchie du verbe : *me pongo las gafas* *–je mets mes lunettes–* ; *ganarse la vida* *–gagner sa vie–*.

Les prépositions

Les prépositions en espagnol ne posent pas davantage de problèmes que le lexique, il suffit de les connaître pour les utiliser. Toutefois, certaines d'entre elles, du fait de leur ressemblance formelle avec les prépositions françaises, de leur traduction, ou pour toute autre raison, entraînent parfois quelques difficultés.

1. *para / por*

La préposition *para* permet d'introduire différents compléments :

– la destination : *es para ti –c'est pour toi–* ;

– la direction : *voy para casa –je vais/rentre à la maison–* ;

– le temps : *volveré para Navidad –je serai de retour pour/à Noël–* ;

– le rapport, la comparaison: *para los años que tiene se la ve muy bien –pour son âge, elle a l'air très bien–*.

Enfin, cette préposition entre aussi dans la construction de nombreuses expressions : *dar para –donner de quoi–* ; *decir para sí –se dire en soi-même–* ; *ir para los veinte –aller sur ses vingt ans–* ; *no es para tanto –il n'y a pas de quoi fouetter un chat–* ; *servir para todo/nada –être bon à tout/rien–* ; etc.

La préposition *por* permet d'exprimer :

– le motif : *se interesa muchísimo por ti –il s'intéresse énormément à toi–* ;

– l'adhésion : *voté por este candidato –j'ai voté pour ce candidat–* ;

– l'identité : *se dio por vencido –il s'avoua vaincu–* ;

– l'équivalence : *cambiar un objeto por otro –échanger un objet pour un autre–*.

Par ailleurs, après un verbe de mouvement, elle se substitue au verbe *buscar –chercher–* : *voy por el pan –je vais chercher le pain–*.

Enfin, elle introduit le complément d'agent dans une proposition passive : *fue atracada por unos ladrones –elle a été agressée par des voleurs–*.

2. *a / en*

En espagnol, on utilise la préposition *a* pour exprimer la direction, et *en*, la situation : *voy a Italia –je vais en Italie–* ; *estamos en Venecia de vacaciones –nous sommes en vacances à Venise–*.

Le verbe

1. Les verbes auxiliaires *ser, estar* et *haber*

Le verbe *ser*

Ce verbe est utilisé pour définir (identité, genre, nationalité, origine, profession, caractéristiques essentielles inhérentes au sujet) et il est placé devant un attribut qui peut être un nom, un pronom, une proposition, un infinitif ou un numéral : *María es una chica simpática, es madrileña y es química –María est une fille sympa, elle est madrilène et chimiste–* ; *es mi vecino –c'est mon voisin–* ; *esta casa es nuestra –c'est notre maison–* ; *los tres mosqueteros eran cuatro –les trois mousquetaires étaient quatre–* ; *son varios –il y en a plusieurs–* ; *es la una –il est 1 heure–*.

C'est aussi l'auxiliaire que l'on utilise pour former le passif : *mi vecina ha sido atracada a plena luz del día –ma voisine a été agressée en plein jour–*.

Attention !

Les temps composés ne sont pas présentés ici mais ils sont toujours formés avec l'auxiliaire *haber* conjugué suivi du verbe au participe passé (Voir ci-dessous la conjugaison de cet auxiliaire).

Conjugaison du verbe *ser* (le futur suit la conjugaison régulière)

Indicatif

présent : soy, eres, es, somos, sois, son

imparfait : era, eras, era, éramos, erais, eran

prétérit : fui, fuiste, fue, fuimos, fuisteis, fueron

Subjonctif

présent : sea, seas, sea, seamos, seáis, sean

Impératif : sé (tú), sed (vosotros)

Le verbe *estar*

Ce verbe est utilisé pour situer dans l'espace et dans le temps, et pour exprimer un état ou une situation transitoire : *¿está aquí Marta? –Marta est là (ici) ?–* ; *¡dema-*

siado calor! estamos en verano, ¿no? –il fait trop chaud, on est en été, non ?– ; *al fin y al cabo, no está tan bien como decías –finalement, ce n'est pas aussi bien que ce que tu disais–.*

Il est aussi utilisé pour exprimer le résultat d'une action : *el piso está amueblado? –l'appartement est meublé ?–*

Enfin, il est utilisé, avec un gérondif, pour faire référence à une action en cours, ou exprimer la durée : *bueno, te dejo que están llamando a la puerta. Adiós –bon, je te laisse, on frappe (ils/elles frappent) à la porte. Au revoir–* ; *estuve trabajando en Italia durante un año –j'ai travaillé en Italie pendant une année–.*

Conjugaison du verbe *estar* (l'imparfait et le futur suivent la conjugaison régulière)

Indicatif

présent : estoy, estás, está, estamos, estáis, están

prétérit : estuve, estuviste, estuvo, estuvimos, estuvisteis, estuvieron

Subjonctif

présent : esté, estés, esté, estemos, estéis, estén

Impératif : está (tú), estad (vosotros)

Le verbe *haber*

Ce verbe est aujourd'hui principalement utilisé comme auxiliaire pour former les temps composés, et comme verbe impersonnel dans le sens de « y avoir » : *nos hemos reunido aquí para charlar sobre algo que nos afecta a todos –nous sommes réunis ici pour discuter de quelque chose qui nous concerne tous–* ; *os agradezco que hayáis venido –je vous remercie d'être venu(e)s–* ; *¿hay más preguntas? –il y a d'autres questions ?–* ; *hubo caravanas en la carretera, por eso llegamos tarde –il y a eu des encombrements sur la route, c'est pour ça qu'on est en retard–.*

Conjugaison du verbe *haber* (l'imparfait suit la conjugaison régulière)

Indicatif

présent : he, has, ha, hemos, habéis, han

prétérit : hube, hubiste, hubo, hubimos, hubisteis, hubieron futur : habré, habrás, habrá, habremos, habréis, habrán

Subjonctif

présent : haya, hayas, haya, hayamos, hayáis, hayan

Impératif : he (tú), habed (vosotros)

Accord du participe avec ces trois verbes

Le participe passé utilisé derrière l'auxiliaire *ser*, dans la voix passive, s'accorde avec le sujet ; c'est aussi le cas lorsqu'il est utilisé avec l'auxiliaire *estar* et qu'il exprime une conséquence : *los ladrones fueron castigados –les voleurs ont été punis–* ; *la puerta está abierta, y las máquinas (están) estropeadas –la porte est ouverte, et les machines ne fonctionnent plus–*.

Par contre, le participe passé est toujours invariable dans le cas où il est utilisé avec l'auxiliaire *haber* : *los problemas que hemos comentado –les problèmes dont nous avons parlé–*.

2. La conjugaison régulière

Les verbes espagnols se divisent en trois groupes caractérisés par la terminaison de leurs infinitifs : *–ar, –er, –ir*.

On prend souvent comme modèles les verbes *amar* comme exemple de la première conjugaison, *temer* pour la deuxième, et *partir* pour la troisième.

Les modes et les temps ne sont pas très différents des modes et des temps français. Toutefois, il est intéressant de noter que l'on utilise le subjonctif en espagnol là où parfois on utiliserait le conditionnel en français, et que l'on utilise le prétérit en espagnol (qui s'apparente au passé simple) là où le français utiliserait, surtout à l'oral, le passé composé : *retomando lo que usted ha dicho, quisiera añadir una puntualización –tout en reprenant ce que vous avez dit, j'aimerais ajouter une précision–* ; *cantó por primera vez en el Liceo en el año 1965 –il (elle) a chanté pour la première fois au Liceo en 1965–*.

Par ailleurs, on se souviendra que l'espagnol utilise facilement la voix passive (Voir le paragraphe Le verbe *ser*) et le gérondif (toujours invariable), ce dernier très souvent pour exprimer la durée : *el accidente ha sido atribuido por la policía a la consumición excesiva de alcohol –la police a attribué l'accident à la consommation excessive d'alcool–* ; *creo que eso está muy bien, pero sigo pensando que Juan tiene razón –je crois que c'est très bien, mais je continue à penser que Juan a raison–*.

3. Différences entre *ir* et *venir*

La différence entre ces deux verbes tient au(x) lieu(x) dans le(s)quel(s) se trouvent le locuteur et l'interlocuteur, ou au(x) lieu(x) dont il est question. Ainsi :

¿Cuándo vendrás? –quand est-ce que tu viendras ?– implique que le locuteur se trouve dans le lieu vers lequel son interlocuteur se dirige(ra) ;

¿Cuándo irás a París? –quand est-ce que tu iras à Paris ?– implique que le locuteur NE se trouve PAS dans le lieu dont il est question ;

Vendré mañana a buscarte –je viendrai te chercher demain– implique que le locuteur et l'interlocuteur se trouvent tous les deux dans le lieu vers lequel le locuteur se dirigera le lendemain ;

Iré mañana a buscarte –je viendrai te chercher demain– implique que le locuteur NE se trouve PAS dans le lieu vers lequel il se dirigera le lendemain.

Attention !

Comme on le voit dans ces deux derniers exemples, il faut se méfier de la traduction qui peut être la même en français alors que le verbe espagnol utilisé sera différent.

4. Différences entre *llevar* et *traer*

La différence réside ici dans la situation des acteurs. Ainsi : *Llévame los paquetes al coche –emporte-moi les paquets à la voiture–* implique que ni le locuteur ni l'acteur ne sont dans la voiture ;

¿Puede traernos la cuenta, por favor? –Vous pouvez nous apporter l'addition, s'il vous plaît ?– implique que le locuteur se trouve dans le lieu même où il recevra l'addition.

5. La comparaison (comparatif et superlatif)

Il existe trois catégories de comparatif :

– le comparatif d'infériorité ;

– le comparatif d'égalité ;

– le comparatif de supériorité.

Comparatif d'infériorité

Menos... que : *éste es menos caro que el otro –celui-ci est moins cher que l'autre–.*

Comparatif d'égalité

Tan... como : *son tan grandes como los tuyos –ils sont aussi grands que les tiens–.*

Comparatif de supériorité

Más... que : *resulta más bonito que el antiguo –il est plus joli que l'ancien–.*

Comparatifs irréguliers

Mayor –plus grand(e), plus âgé(e)– ; *menor –plus petit(e), plus jeune–* ; *mejor –meilleur(e)–* ; *peor –pire–*. Le pluriel de ces quatre éléments se fait en ajoutant *-es*.

Par ailleurs, il existe en espagnol deux superlatifs, l'un relatif et l'autre absolu.

Superlatif relatif

Le superlatif relatif s'identifie avec le comparatif : *el, la más* ; *el, la menos* : *el más simpático –le plus agréable–* ; *la menos vieja –la moins vieille–.*

Superlatif absolu

Il existe deux formes de superlatif absolu : la première qui est formée avec l'élément *muy* suivi de l'adjectif ; et la seconde, avec l'adjectif suivi du suffixe *-ísimo, a* : *un chico muy atractivo –un garçon très attirant–* ; *una chica guapísima –une très jolie fille–.*

Attention !

Placé après un nom déterminé le superlatif s'emploie sans article : *la casa más bonita del pueblo –la plus jolie maison du village–*. D'autre part, si le superlatif est suivi d'un verbe, celui-ci se met à l'indicatif en espagnol et non au subjonctif comme en français : *el chico más inteligente que conozco* –*le garçon le plus intelligent que je connaisse*–.

Index

N° projet : 11002390
Imprimé en France par I.M.E. - 25110 Baume-les-Dames
Dépôt légal : Août 2005